La vie est une idée de génie

Philippe Ginestet

La vie est une idée de génie

La force d'aimer

Éditions
EYROLLES

Éditions Eyrolles
61, bd Saint-Germain
75240 Paris Cedex 05
www.editions-eyrolles.com

ISBN : 978-2-416-00135-2

Sommaire

« Dans les ténèbres qui m'enserrent,
Noires comme un puits où l'on se noie,
Je rends grâce aux dieux quels qu'ils soient,
Pour mon âme invincible et fière.

Dans de cruelles circonstances,
Je n'ai ni gémi ni pleuré,
Meurtri par cette existence,
Je suis debout bien que blessé.

En ce lieu de colère et de pleurs,
Se profile l'ombre de la mort,
Je ne sais ce que me réserve le sort,
Mais je suis et je resterai sans peur.

Aussi étroit soit le chemin,
Nombreux les châtiments infâmes,
Je suis le maître de mon destin,
Je suis le capitaine de mon âme. »

Invictus de William Ernest Henley (1849-1903)
Poème préféré de Nelson Mandela

À ma Marraine, ma Reine.

Remerciements

Bien évidemment la liste des personnes auxquelles je veux adresser mes remerciements est tellement longue que je ne veux pas courir le risque de l'énumérer par peur d'en oublier une, à commencer par mes équipes.

Il y a toutefois deux personnes que je souhaite remercier, car sans elles, deux pans de ma vie seraient en partie restés des pages blanches ; ce sont deux architectes, l'un des bâtiments, mon ami Jacques Bru, l'autre des mots, mon ami Didier Pitelet. L'un et l'autre me sont connectés au point de donner vie à mes idées, de faire danser mes paroles pour en laisser une trace pour l'avenir, comme ce livre écrit à deux cœurs. L'un et l'autre donnent de la résonance à mes sentiments, mes envies, mes rêves.

Des remerciements d'amour à ma Brigitte sans laquelle la vie n'aurait bien évidemment pas la même saveur.

Enfin, un remerciement tout particulier pour celui qui donne de l'avenir à mes rêves en les écrivant demain à ma place, mon fils Alexandre.

Chapitre 1

La vie est belle

« Tout bonheur en ce monde
vient de l'ouverture aux autres,
toute souffrance vient de l'enfermement
en soi-même. »

Bouddha

Renaître à soi-même pour transmettre

10 février 2020.

« Monsieur Ginestet vous avez un cancer et vous devez être opéré immédiatement. »

Lorsque le professeur Peyromaure s'est approché de moi ce mercredi de février 2020, le temps d'une seconde qui me parut une éternité, je me suis dit : « C'est foutu ! »

J'avais le crabe.

Moi qui n'ai jamais été malade, qui bouffe la vie par les deux bouts depuis toujours, qui travaille 7 jours sur 7, comment était-ce possible ? En une seconde, celui que je croyais être se découvre dans toute son humanité de mortel. J'avais bâti ce que certains appellent « un empire » et que moi, plus modestement, je nomme « mon entreprise ». J'avais une famille de près de 10 000 collaborateurs au milieu desquels je passe tout mon temps avec mon épouse. Et tout ça, parce que je n'avais pas pris le temps de m'occuper de moi, pouvait disparaître du jour au lendemain. La horde des fantasmes et des peurs qui accompagnent le crabe est arrivée au grand galop. Pour la première fois de ma vie, j'allais être opéré ! Vais-je mourir ? Vais-je m'en sortir ?

Je me suis mis en mode « survie ».

Je suis entré en moi pour affronter cette épreuve. Moi, dont l'agenda était surbooké, j'ai tout stoppé :

l'iPhone sur « off », idem pour les mails. J'ai disparu pour me consacrer à cette épreuve, aidé par mes anges gardiens : Sofia, que je ne remercierai jamais assez pour les miracles accomplis ; Nadège, qui veille sur moi depuis tant d'années, et Brigitte, mon épouse, que j'ai entraînée malgré moi dans ce combat et qui m'a soutenu 24 heures sur 24, remplaçant même l'infirmière. Je suis entré en moi par pudeur, par volonté aussi de ne pas susciter d'apitoiements et d'inquiétudes parmi mes proches et mes équipes. J'ai préféré disparaître pour réussir à vivre.

L'opération fut un succès ; le professeur Peyromaure et son équipe ont fait un travail remarquable m'évitant les risques d'un cancer généralisé, alors même qu'il avait commencé à se répandre, et pourtant je n'étais pas ce qu'on appelle un « patient communicatif ».

Au-delà de l'infinie reconnaissance que je lui porte ainsi qu'à son équipe, je fus admiratif non seulement de l'engagement et de la conscience professionnelle, mais aussi et surtout de la fierté qu'ils doivent éprouver lorsqu'ils remettent un patient sur le chemin de la vie. Ils furent mes héros en blouse blanche.

Au bloc, au moment où l'anesthésie vous emmène dans un ailleurs qui suspend le temps et quelque part aussi votre conscience, vous êtes porté par la confiance que vous ressentez pour cette équipe animée de main de maître par le professeur. Durant les sept heures d'opération, il est non seulement un expert, mais aussi un incroyable coordinateur de talents. C'est un vrai chef d'équipe, sans lui point de succès, sans son équipe non plus.

Ce qui m'impressionna après une si longue opération fut de ne rien ressentir le lendemain. Hommage ! La première épreuve était franchie ; il restait la seconde : la convalescence et le retour à la vie. Cette période est à assimiler sur le plan émotionnel aux montagnes russes. Et là aussi, l'humanité et la disponibilité du professeur Peyromaure me furent d'une aide précieuse pour me mettre en confiance et m'encourager à aller de l'avant.

Les séances de radiothérapie suivies durant l'été 2020 furent orchestrées avec la même empathie et disponibilité par le docteur Alain Toledano et ses équipes qui valorisent au quotidien les valeurs de l'Institut Raphaël qu'il a cofondé et préside et qui focalise ses travaux sur la « reconstruction » des patients atteints de cancer. Tout en coordonnant plusieurs professionnels, il continue régulièrement à prendre de mes nouvelles, ce qui pour moi est des plus réconfortant. La vie vous réservant de belles surprises, il s'avère que chaque année un dîner de grands chefs est organisé dans le restaurant de mon amie Évelyne à Saint-Tropez au profit de L'Institut Raphaël pour lever des fonds. Le Château Le Stelsia que j'ai créé à Saint-Sylvestre-sur-Lot organisera à son tour ce type de dîner pour aider la recherche sur le cancer.

Le professionnalisme et l'humanité de ces grands médecins me furent précieux, même si le temps semble long lorsque l'on se sent diminué. Mais au fond de moi, je savais qu'il fallait voir la vie autrement, qu'il fallait s'organiser autrement aussi. Pour moi, c'est une chose ; pour celles et ceux que j'aime aussi, à commencer par ma femme.

Et puis, à quoi sert une vie aussi riche, aussi dense que la mienne si tout peut s'arrêter du jour au lendemain ? Je sais qu'elle va encore me réserver des surprises ; je sais aussi que Gifi va pouvoir poursuivre son développement sans que je lui sois indispensable, ayant tout fait dans ce sens. Mais je sais surtout que je veux continuer à vivre en permettant à d'autres de réaliser leurs rêves. Plus que jamais, je veux être utile. Depuis longtemps je me prépare à ma vie sans Gifi au sens opérationnel du terme, en cherchant à devenir celui que j'ai toujours voulu être, un accompagnateur de projets. Accompagner, c'est bien plus que de financer des projets, c'est vivre humainement une aventure avec chaque projet. J'ai commencé avec mon groupe GPG (Groupe Philippe Ginestet) à investir dans des start-up, à booster des jeunes pousses avec un plaisir immense. Ma vie est là désormais.

Avec beaucoup d'humilité, je fais partie de ces personnes qui prouvent que tout est possible. Mon parcours prouve aussi que tout le monde peut réussir. Qu'importe d'où l'on vient, le nom que l'on porte, que l'on ait ou pas une religion, que l'on est fait ou pas des études, chacun a une vie à bâtir et chacun est maître de son destin.

Lorsque la grande faucheuse est en embuscade, mais qu'elle doit encore patienter avant de t'emmener vers l'ailleurs, le message est clair : « Tu n'as pas encore fini ce pour quoi tu es sur terre. » Il faut savoir écouter « les forces de l'esprit », pour reprendre la formule de François Mitterrand, afin de réfléchir au sens des épreuves. « Ces forces de l'esprit », moi qui suis croyant sans être pratiquant, me guident depuis toujours grâce à la foi que je porte à la vie. Je crois depuis toujours que nous faisons partie d'un tout et que des forces supérieures nous protègent et placent parfois des guides à nos côtés. Après chaque épreuve de vie, il y a une leçon à tirer, les fameuses leçons de vie. Celle que j'ai vécue ce 10 février 2020, où je fus opéré en urgence, m'indiquait simplement qu'il était temps de passer à autre chose, comme mon cœur me le dicte depuis un moment.

Si je suis parti « du cul des vaches » pour devenir « le milliardaire du Lot-et-Garonne », comme m'a qualifié un jour un journaliste, et que je suis entré dans le classement mondial de *Forbes*, ce n'est pas pour que tout s'arrête ; bien au contraire.

Tout commence aujourd'hui.

Je suis un pur autodidacte, un de ces gamins qui s'ennuient à l'école, que le maître condamne à être un cancre éternellement, que les parents se désolent de voir en échec. Mais souvent, ne pouvant entrer dans les cases prédéfinies, il arrive que certains de ces gamins aient « des idées de génie » et sortent du lot. Saisir sa chance n'est pas donné à tout le monde et pourtant chacun mérite d'avoir sa chance. Ceux qui rechignent ou qui ont l'art de critiquer en permanence ont souvent oublié soit de se donner les moyens d'agir, soit de changer le cours de leur vie.

La fatalité n'existe pas ; c'est sûrement le concept le plus opportuniste qui soit lorsque l'on ne veut pas prendre en main son destin. C'est pourquoi en entrant dans l'automne de ma vie je vais me nourrir de l'énergie printanière de celles et ceux qui veulent oser maintenant : oser créer une boîte, oser prendre des risques, oser produire des emplois, oser être heureux et rendre les autres heureux.

Entre le Philippe Ginestet de mes débuts et celui d'aujourd'hui, le monde a changé, parfois en bien, parfois en moins bien ; pour ma part, la nostalgie du rétroviseur ne m'intéresse pas, partant du principe que le meilleur est toujours à inventer. Il y a cependant des fondamentaux qui sont devenus des convictions de vie profondes à l'heure de la dictature de l'image et du paraître. Des enseignements de vie qui valent toutes les encyclopédies du monde.

C'est le sens que je donne désormais à ma vie : c'est l'heure de la transmission, la vraie, celle de la passion, celle de la vie.

Je pense à mes petits-enfants pour qui, en partie, j'ai travaillé bien sûr, mais je pense aussi à tous les jeunes qui se disent que le monde est foutu ou qui marchent avec des semelles de plomb au moment où ils devraient déployer leurs ailes.

Ce livre est une promesse que je me suis faite en pensant à celles et ceux qui comptent ou ont compté dans ma vie.

Certains sont déjà partis, comme ma marraine, « Ma Reine », celle qui m'a initié au commerce dans sa petite boutique. Mon grand-père aussi, ce forgeron qui a toujours cru en moi et chez qui j'adorais travailler et faire les vendanges à sa retraite. « Lui, c'est sûr, il va réussir », disait-il. À sa manière c'était un bâtisseur.

Bien sûr, il y a mes parents que j'ai la chance d'avoir encore. Eux, qui, tout en m'aimant à leur manière, pensaient, au vu de ma scolarité, que j'étais un cancre et qui pourtant on fait de moi ce que je suis. Mes parents, qui n'ont jamais laissé trop de place aux sentiments, n'avaient que le travail comme raison d'être. Vouloir les rendre fiers aura été le plus grand moteur de ma vie, encore aujourd'hui.

Je ne leur ai jamais apporté la joie d'un bon bulletin de notes, mais j'espère que le patron que je suis devenu leur en a apporté. Lorsque l'on a des parents qui ne savent pas dire « je t'aime », époque et génération obligent, on cherche sans cesse la reconnaissance dans leurs yeux. Je suis fils de maquignons et fier de l'être.

On dit souvent que l'enfance prédétermine ce que l'on devient ; j'en suis pour ma part convaincu. Au début, la page est blanche et elle se noircit à l'encre indélébile de la vie en créant des modèles répétitifs dont il est parfois difficile de sortir. Il faut de l'audace pour s'en écarter. C'est pourquoi j'ai essayé de dire « je t'aime » comme je le pouvais à mon fils, à mes petits-enfants.

Mes plus belles années sont celles où je pouvais emmener mes petits-enfants en vacances ; j'étais leur papou. Mais une chose est sûre avec la vie qu'est la mienne, il est beaucoup plus facile de décider pour diriger une entreprise que de savoir saisir tout ce que l'on doit pour donner pleinement tout l'amour que méritent vos enfants. Il n'y a pas de mode d'emploi du père ou du grand-père parfait ; on fait des erreurs, on commet des maladresses, mais les aimés savent, au fond d'eux-mêmes, le sens de l'amour.

On fait pour le mieux sans savoir si c'est vraiment le mieux. Le tout est de ne jamais porter de jugement sur les actes ; il faut beaucoup d'humilité pour aimer.

Aujourd'hui, je comprends mieux mon père.

De mes parents, au-delà d'une affection certaine, mais peu expressive, je retiens surtout deux choses propres aux gens de leur milieu, les taiseux de la campagne, les maquignons : le sens de la parole donnée et, bien sûr, le goût du travail.

De toute ma vie, je n'ai jamais rencontré un fainéant réussir ; toutes les réussites que j'ai croisées sont le fruit d'un travail acharné. Se lever tôt, arpenter les foirails, négocier le juste prix qui ne fait aucun perdant, se taper dans la main, les yeux dans les yeux. Toute ma vie a été guidée par ces enseignements de jeunesse.

Avoir des racines, quelles qu'elles soient, est fondamental ; il est difficile de faire pousser quoi que ce soit sans un enracinement dans des croyances, une terre, une culture. On peut, bien sûr, vouloir s'en affranchir à un moment pour exister par soi-même, se renaître à soi-même. C'est même sain de se faire par soi-même plutôt que d'imiter.

Pour ma part, je suis parti à la conquête du monde sans jamais quitter Villeneuve-sur-Lot ; je suis né à Saint-Livrade-sur-Lot à quelques kilomètres. Je me suis fait dans cette terre du Lot qui vous donne un accent aussi fort que l'amour qui vous lie à elle. Jamais je n'ai voulu la quitter ; ça a créé mon style, c'est sûr ; ça m'a évité aussi beaucoup de désillusions que le monde du business et du parisianisme ne manque pas de générer.

Parce que l'on n'a qu'une vie, il est important de goûter chaque instant ; qu'importe si l'on se trompe, si l'on trébuche, l'essentiel, de loin, est de se relever, d'avancer, d'être en vie. Mais il faut aussi comprendre que la vie n'a de sens qu'avec et pour les autres ; qu'il faut savoir partager, écouter, confronter les points de vue... Longtemps, j'ai fonctionné en clan, en tribu en me donnant à fond, mais toujours avec cette discrétion instinctive – « Restons entre nous, soyons heureux entre nous, faisons du bien autour de nous... »

Je n'avais jamais voulu être ni cru être un modèle, pudeur d'autodidacte assurément. Un jour, pourtant, un ami m'a convaincu que je devais aller au-delà de mon cercle, je devais partager ce que nous vivions au sein de Gifi.

Son argument était simple : « La plupart des gens et en particulier les jeunes ne croient plus dans les discours creux des boîtes, alors que chez toi, les gens vivent pleinement, sont heureux. Il faut montrer ce que vous faites, ce que vous êtes pour donner envie à d'autres de se lancer, de croire en eux, d'y aller, de foncer vers leurs destins. » Je lui ai fait confiance et aujourd'hui, avec encore une fois beaucoup d'humilité, je crois bien que Gifi est devenu bien plus qu'un leader, mais bien un hymne à l'Humain avec un grand H. La preuve que tout est possible.

J'ai décidé ici de partager ces quelques enseignements et mes principes pour transmettre ma passion de la vie – c'est sûr, le crabe tu repasseras –, mais surtout ma vision de l'avenir, un avenir forcément humain et festif.

J'ai eu plusieurs vies, j'ai connu des succès et des échecs, mais chaque fois, une énergie vitale me poussait à aller plus loin. L'école de la vie m'a permis de devenir celui que je suis, car je me suis toujours senti porté par des forces invisibles qui ont fait du doute un moteur d'action. Ces forces invisibles opèrent pour chacun de nous ; qu'on les nomme destinée, espérance, amour... qu'importe. Le plus important est de se mettre en confiance et de générer de la confiance. En remettant ma vie entre les mains du professeur Peyromaure, que je ne connaissais pas, je la remettais aux forces de l'univers avant tout.

J'ai appris plus tard qu'il avait tiré d'affaire le journaliste sportif Patrick Chêne, et avait écrit avec lui un livre, *Le Stade 2*, référence au stade critique du cancer et au titre de son émission sportive. Moi, je jouais aussi le match de ma vie. Le professeur Peyromaure, par l'intermédiaire de ses patients, est un passeur de vérité en créant des histoires de vie à transmettre comme je tente modestement, moi aussi, de le faire à travers ce livre.

L'amour de la vie, l'amour des autres et du vivant, la passion de l'action, le flair des instants, le goût de la fête et du partage, l'envie de libérer les énergies, l'audace de l'imprévu et de l'inattendu, la foi en soi sont autant d'éléments clés, véritable grille de lecture, qui m'ont permis de devenir celui que je n'ai jamais cessé d'être. Ils me permettent aujourd'hui de partager des enseignements qui, je l'espère, peuvent être utiles à tous.

Loin des modes et des belles théories « tendance » sur le management, sur les relations humaines et autres responsabilités d'entreprise, tout ce que j'ai fait, je l'ai fait à l'instinct, guidé par mon intuition. Partant de rien, c'est devenu un groupe de 10 000 collaborateurs et 1 000 magasins.

Aujourd'hui, tout est rationnel, formaté ; tout est normes. Les intuitifs dérangent, car ils n'empruntent pas les autoroutes de la pensée unique, quels que soient les sujets. On les reconnaît facilement à leur liberté de pensée et leur liberté d'être.

J'espère que ces pages permettront à chacun de suivre son intuition et de libérer ses envies d'être vraiment soi-même.

Merci à la vie !

Chapitre 2

Croire en ses rêves et faire de sa vie un rêve

« On a deux vies et la deuxième commence le jour où l'on a conscience qu'on n'en a qu'une. »

Confucius

Ne jamais oublier d'où l'on vient, jusqu'au jour où l'étoile surgit

Enfant, je venais souvent dans la petite boutique de ma marraine qui vendait des jouets et des cadeaux ; c'est elle qui, au-delà de me donner la tendresse et l'amour dont j'avais sûrement besoin, m'a initié au commerce. Elle avait toujours du temps pour moi. Il faut toujours donner du temps à celui qui en a besoin.

Je me souviens avoir été impressionné les jours où le représentant venait lui rendre visite. Tiré à quatre épingles, toujours affable et poli, c'était un événement que de le recevoir et de découvrir ses échantillons. Il y avait une effervescence incroyable, c'était un événement. Minot, je l'observais du coin de l'œil et me disais : « Un jour je ferai pareil. » Ces images-là s'impriment à jamais.

Bien présenter, savoir parler et convaincre, c'était ça, la force, c'était ça aussi la liberté. Il impressionnait ma marraine ; demain, j'impressionnerai toutes les marraines du monde ! Je crois que la petite boutique de ma marraine a vraiment joué un rôle essentiel dans ma vie. C'était un espace de liberté, d'amour, de considération, de surprise et de travail bien sûr. Exactement ce que j'ai voulu faire des années plus tard avec Gifi. Un lieu qui rend les gens heureux.

Devant mon incapacité à devenir un bon élève, mes parents m'ont mis au boulot avec eux. J'étais un enfant quelque peu dissipé, l'école n'était pas mon fort et j'étais déjà un peu hyperactif. Je ne me rêvais pas forcement en un personnage donné, mais très tôt, en revanche, j'étais le bon copain vers lequel on venait toujours pour s'amuser. J'ai eu très tôt une âme de chef de clan. Je m'ennuyais en classe et avais plutôt tendance à m'évader en regardant par la fenêtre. C'est à l'élève de s'adapter à l'école et non l'inverse ; ce qui était vrai hier l'est encore aujourd'hui ; ce qui, à mes yeux, est fort dommage, car l'intelligence est multiple et la doxa éducative cherche avant tout à faire entrer les enfants dans un cadre ; on formate plus qu'on ne révèle.

Dans mon parcours de patron, je me suis toujours fixé comme objectif d'aider les talents à se révéler, il y a sûrement un lien avec cette petite enfance qui rappelle la publicité de Guy Degrenne condamné à être un cancre avec un bonnet d'âne. J'ai échappé à cette humiliation.

Mais, à cette époque, on ne discutait pas trop les décisions des parents et, surtout, on ne posait pas trop de questions sur l'avenir : il fallait bosser, point.

J'ai commencé comme apprenti maquignon ; en clair, j'aidais mes parents à acheter des veaux ; je les accompagnais sur les marchés aux bestiaux. Tâter le cul des vaches est une expérience formidable pour en apprendre sur la nature humaine. Ce sont des travaux pratiques de la vie !

Comme j'étais débrouillard avec de la tchatche, j'expérimentais sans le savoir vraiment l'art de la relation commerciale, mais aussi des relations humaines qui durant toute ma vie me suivront. Considérer l'autre, même si on veut lui faire baisser son prix, respecter l'animal, travailler pour un accord équilibré, renoncer pour mieux revenir, savoir céder plutôt que de tout perdre, argumenter pour infléchir, etc.

Contrairement aux copains, je travaillais, et j'étais même déjà un polyactif – aujourd'hui, on me définirait comme un *slasher* –, car, en parallèle, j'aidais un monsieur qui avait une boîte de nuit, pour lequel je tenais le vestiaire, histoire de me faire des pourboires et commencer aussi à cultiver mon goût pour la fête et la nuit – c'était déjà une seconde nature.

De ces années j'ai noué des amitiés éternelles. Celles où l'on refait le monde jusqu'au lever du soleil, celles des premières cuites, des premières amours, celles où l'on se jure à la vie à la mort… J'étais le débrouillard de la bande, celui qui ouvre les portes, arrange tout. Celui aussi que l'on aime rejoindre pour partager une joie de vivre contagieuse.

Mais je voulais plus.

Même si je ne me plaignais pas de ma vie, le cadre familial, la vie locale dessinaient un avenir tout tracé, un peu trop sclérosant face à mes envies de liberté. Je levais la tête et je voyais au-delà de l'horizon, comme un véritable appel. Que je comprends aujourd'hui ces nouvelles générations qui osent tout quitter pour vivre leur rêve. Elles ont raison, on leur promet monts et merveilles pour finalement les couler dans le moule. Pas étonnant qu'elles détalent. On n'a vraiment qu'une existence, pourquoi la perdre à tourner en rond ? Je commençais à étouffer.

Je ne gagnais pas trop bien ma vie ; un fils de maquignon qui travaille avec ses parents : soit il persévère pour récupérer un jour l'exploitation, soit, s'il veut évoluer, il part.

Ce que j'ai fait au bout de deux ans. À 18 ans, j'ai quitté la maison pour changer de vie en traversant toute la France, histoire de mettre de la distance avec mes parents pour mieux vivre ma vie. J'ai répondu à un vrai appel du destin, c'était plus fort que moi ! Inconsciemment, mettre de la distance facilite la décision de partir.

Direction la Normandie, dans une coopérative de bestiaux qui travaillait avec mon père et qui avait senti mon potentiel. J'ai commencé par nettoyer les camions et les étables avant d'accompagner mes patrons sur les marchés. Tout allait bien, j'étais dans une zone de confort ; trop justement. Rapidement, je tournais en rond.

Ce métier m'a toutefois apporté deux choses essentielles : 1. le courage, car quels que soient les aléas de la météo, il fallait se lever tôt pour travailler ; 2. le sens de la parole donnée, les yeux dans les yeux en se tapant la main. On reconnaît l'Homme à sa parole.

Mais je crois aussi sincèrement que, de ces années, j'ai également développé une passion pour les animaux et leur bien-être. Aujourd'hui, parler du bien-être des animaux est un sujet de plus en plus partagé et c'est une excellente chose. Mais à l'époque… Entendre les vaches beugler lorsqu'on leur arrachait leurs petits, c'était horrible ; j'ai vu des veaux pleurer de vraies larmes. Quiconque a un cœur ne peut pas rester insensible à la souffrance animale. C'est assurément une des raisons qui m'ont poussé à partir vers de nouveaux horizons.

Croire que tout est possible, certains diront que c'est une nature, d'autres parleront de culot. Une chose est sûre, je voulais réussir, m'en sortir. Évidemment, il fallait manger. Quand tu n'as pas de sponsors financiers comme le sont aujourd'hui la plupart des parents, il faut se remuer et foncer.

Le ventre creux devient vite ton second cerveau, il te pousse en criant famine. « Vas-y, prends tout ce qui passe, j'ai faim ! »

Et quand, de surcroît, on aime faire la fête comme moi, il faut avoir les moyens de ses ambitions, ne serait-ce que pour être à la hauteur de la gent féminine qui avait le don de m'attirer. Pour voir grand, il fallait « monter sur la capitale ». En arrivant à Paris, je ne connaissais personne, mais je savais qu'il y avait du travail dans les agences d'intérim. Les premières nuits, j'ai dormi dans le métro, n'ayant pas de quoi me payer l'hôtel. Avant de pouvoir me payer le luxe de l'Hôtel de Nantes, qui existe toujours, avec ma première paye de… balayeur dans l'entreprise des moteurs Bernard. Les moteurs Bernard, un vrai signe pour moi, car ils étaient représentés dans notre région par mon grand-père qui, dans sa seconde vie, vendait des motoculteurs dotés de ces moteurs !

Porté par les ailes d'un amour de jeunesse, j'emménage avec trois francs six sous dans une petite chambre de quelques mètres carrés où on avait installé un petit réchaud ; vivre d'amour et d'eau fraîche, réchaud en plus.

Je m'inscris dans une agence de travail temporaire et, très vite, les missions s'enchaînent et ont poursuivi ma formation sur le tas. Je sautais de mission en mission pour progresser ; jusqu'à une mission qui m'a fait monter haut, très haut en posant des antennes sur des pylônes. Plus tu montais haut, plus tu étais bien payé avec des primes de risque. Un défi pour moi qui avais le vertige ; le premier jour, le fils du patron m'emmène avec lui sur un pylône de trente mètres de haut. Au bout de deux mètres, les jambes tremblaient alors que lui grimpait. J'ai serré les dents, et à mon tour j'avalais les mètres. C'était, sans le savoir, mon examen de passage ; arrivé tout en haut, j'étais embauché.

En parallèle, toujours polyactif, j'achetais des voitures accidentées pour les revendre avec un bon bénéfice. Mais l'image du représentant était toujours là. Mon schéma de réussite passait par là, que je le veuille ou non. Et comme le hasard n'existe pas – ceux qui prétendent le contraire font preuve souvent d'une grande arrogance en oubliant que nous faisons tous partie d'un vaste ensemble parfaitement coordonné, qui lie tous les éléments du vivant les uns aux autres – nouvelle mission, nouvelle destinée : l'opportunité de devenir vendeur d'aspirateurs chez Electrolux.

Ça y est, j'allais avoir ma chance.

Le jour de l'entretien d'embauche, je demande au recruteur si le métier était bien payé et là, pour toute réponse, il me répondit : « Vous êtes passé par le parking, vous avez vu toutes les belles voitures, ce sont celles de nos vendeurs. » L'argument avait atteint sa cible. Je voulais, moi aussi, rouler dans une belle voiture. En route pour l'école de vente Electrolux. Retour à la case école. Technique de vente, comment parler, comment se comporter… Le moule.

Et rebelote, échec pédagogique.

Lâché sur le terrain, trois semaines plus tard je suis viré, zéro vente au compteur. Pourtant, j'avais bien appris mes leçons.

Mais sur son chemin, il faut savoir suivre les signes. Parfois, la vie vous met des guides qui sont là pour vous montrer la voie ; il faut les accueillir. Ce guide s'appelait Jean-Claude, un des meilleurs vendeurs d'Electrolux, qui, sans pourtant bien me connaître, avait détecté chez moi un potentiel suffisant pour plaider ma cause auprès de la direction : « Donnez-lui un sursis, je le prends sous mon aile pendant quinze jours et on verra. » Il avait un petit local où il recevait ses clients. « Mets-toi derrière le rideau et écoute-moi vendre. » L'apprenti vendeur que j'étais allait enfin avoir un maître. L'enseignement par l'observation et l'écoute allait opérer. J'étais confiné au silence, mais tous mes sens étaient en éveil, j'observais, j'écoutais, j'enregistrais. Le sens de l'écoute est une force que l'on oublie de transmettre tant à l'école qu'en entreprise ; c'est fort dommage. Elle est le pilier du management et de l'art de décider.

Quelle surprise de constater qu'il ne suivait absolument pas l'enseignement des formateurs d'Electrolux ; il vendait à sa manière, il laissait parler son cœur. Une révélation.

Sortir du moule pour ne pas finir comme une tarte !

Avec beaucoup de gentillesse, il m'a transmis l'essentiel de la vente : la passion, l'écoute, la gentillesse et ne rien lâcher. Mais, surtout, il fallait s'approprier le produit. Aimer le produit, un principe qui ne m'a jamais quitté.

Ces enseignements, des années plus tard, ont contribué au succès de Gifi.

J'ai commencé à vendre, et, comme par magie, les ventes s'enchaînaient. Je n'étais plus viré, mais commençais, au contraire, à faire parler de moi. Jusqu'au jour où, deuxième signe du destin, j'ai expérimenté instinctivement une nouvelle forme de vente. Les hypermarchés commençaient à s'implanter et révolutionnaient le commerce de l'époque. Allant faire mes courses comme tout le monde, je me gare avec ma voiture pleine d'aspirateurs dans le coffre sur le parking du Carrefour de Montesson. En fermant le coffre, je suis interpellé par une dame qui, voyant les aspirateurs, me demande si je savais où elle pouvait se procurer des sacs d'aspirateurs. « Bien sûr, donnez-moi votre adresse, je vous les livrerai personnellement. » Rendez-vous fut pris. Sur place, non seulement je lui ai vendu ses sacs, mais en plus je lui ai vendu un nouvel aspirateur…

Mais, histoire de tester cette approche inédite de vente sur un parking, je reviens le lendemain pour tester la technique du coffre ouvert plein d'aspirateurs et rebelote ; j'ai ouvert une dizaine de fois mon coffre avant qu'une nouvelle cliente se présente.

La technique était au point : je passais mes journées sur le parking à ouvrir et à fermer mon coffre, enchaînant les ventes et les prises de rendez-vous. Jusqu'au jour où la sécurité de l'hypermarché est venue m'interpeller : « Le directeur veut vous voir. »

J'étais démasqué !

« On vous observe depuis un moment, vous savez que vous n'avez pas le droit.

– Oui, monsieur », répondis-je.

Et me voilà à expliquer le comment du pourquoi de la situation, l'opportunisme de la situation qui, en rien, ne visait à nuire aux intérêts de l'enseigne. Le directeur m'écouta avec attention. C'était un vrai commerçant d'une époque pionnière. À ma grande surprise, il me fit une proposition qui ne se refuse pas : « Plutôt que de vendre vos aspirateurs à la sauvette sur le parking, vous allez les vendre à l'intérieur du magasin, je vais vous louer un espace derrière les caisses. Cet espace est vide, autant le rentabiliser. »

Les galeries marchandes que nous connaissons aujourd'hui n'existaient pas à l'époque ; j'ai dit oui immédiatement, ignorant que, des années plus tard, j'allais devenir l'un des principaux bailleurs de zones commerciales de France.

En peu de temps, mes ventes d'aspirateurs se sont envolées au point que je suis devenu le meilleur vendeur d'Electrolux, invité par la grande direction en Suède. Et, surtout, j'avais une belle voiture…

Je serai éternellement reconnaissant à Jean-Claude qui a cru en moi et a su déceler le talent enseveli sous les contingences des procédures de vente.

Depuis, j'ai toujours considéré l'opportunité derrière l'échec. Il faut toujours dimensionner et mettre en perspective les raisons de l'échec. En France, particulièrement, l'échec est synonyme de sanction immédiate. C'est valable à l'école, avec la tyrannie des notes. C'est valable en entreprise où bien que, très souvent, on parle du droit à l'erreur, la plupart du temps on vous montre souvent la sortie ! L'échec fait partie de l'enseignement de la vie qui vous guide vers ce que vous devez devenir.

Encore une fois, j'étais monté haut, mais il fallait que je bouge. L'inconscience, la fougue, l'envie d'aller de l'avant me tiraillaient. Je ne voulais pas finir cadre chez Electrolux ; je voulais au contraire sortir du cadre. Les plus belles réussites ne sont pas celles qui promettent un statut, mais d'être heureux.

Je continuais à me faire en parallèle de l'argent avec la vente de voitures accidentées ou d'occasion achetées aux enchères. Jusqu'au jour où, en passant chez mon beau-frère qui vendait des pulls, je tombe sur un stock de pulls qui semblaient attendre un acheteur. Je lui demande ce qu'il compte en faire, et il me répond : « J'attends le manouche qui va venir me les acheter pour les vendre sur les marchés, ils ont un petit défaut, mais ça ne se voit pas… »

Ce qu'il appelait « un défaut », c'était un fil qui dépassait ou un petit trou invisible. Ni une ni deux, ayant une 4L fourgonnette sur les bras, je lui propose de lui racheter à un prix de manouche. J'investis dans des tréteaux et un parapluie et ma vie de manouche put démarrer. J'étais devenu un Gitan d'adoption. Je me suis établi au bas de l'immeuble où j'habitais à Franconville. J'en ai vendu pour 800 francs.

Le lendemain, je me suis installé au marché de Nanterre et là, j'ai vendu pour 3 300 francs. J'ai vite compris qu'il y avait mieux que les marchés, les braderies, à l'époque très populaires en France. La journée, j'étais sur le stand ; la nuit, je roulais, parfois jusqu'à 500 kilomètres, pour rejoindre la foire suivante.

Pendant des années, j'ai vécu une vraie vie de manouche et j'en suis fier, ayant pour ce peuple une affection et une tendresse toutes particulières.

L'étoile avait surgi, elle commençait à me guider vers mon vrai chemin, la liberté.

L'amour a surgi aussi ; j'ai rencontré à cette époque ma première épouse. J'avais 20 ans. Nous avons vécu dans une caravane que j'adorais ; nous avions une vraie chambre et tout le confort, dont la télévision couleur. Nous dormions souvent dans le camion, avons connu les nuits à la belle étoile ; nous faisions la fête. Que rêver de mieux ? Et en plus, nous gagnions de l'argent. Nous faisions les marchés et nous étions heureux sur la route.

Cette vie de Gitan, c'est exactement comme celle d'un marin qui largue les amarres, le nez au vent et droit devant, la tête dans les étoiles.

Nous avons eu un fils, Alexandre, que nous emmenions partout avec nous. Jusqu'au jour où la vie de nomade impose des choix difficilement compatibles avec l'éducation d'un enfant. Comme tous les parents, nous n'avions pas de mode d'emploi, nous sentions naturellement que la priorité, c'était notre fils et non pas notre mode de vie. Alexandre devait aller à l'école. Nous devions poser notre caravane.

En quelques années, du métier de maquignon aux braderies, je me suis forgé les piliers sur lesquels j'allais construire ma vie. Si je devais retenir un mot de toutes ces expériences, c'est sans hésiter le mot HUMAIN.

Mes premières années furent d'apprentissage, j'avais la bougeotte et ai changé plusieurs fois de travail. J'ai appris à devenir moi-même ; en clair, je me suis fait au gré des opportunités et de l'envie d'aller toujours de l'avant. Je ne me suis pas formaté à partir de présupposés, encore moins de codes. Je me suis bâti en multipliant les expériences et les rencontres.

Aujourd'hui, face au chaos du monde, je suis très confiant en l'avenir, car je pressens les germes d'une époque meilleure avec une plus grande ouverture sur les autres. Ne dit-on pas que l'ordre vient toujours après le chaos ?

La pandémie du Covid-19 de 2020 a remis beaucoup de pendules à l'heure. Sur le terrain de l'image et des chaînes d'info en continu, le monde et en particulier la France semblent au bord de la rupture : racisme, rejet des différences, pollution, maltraitance en tous genres… Nous vivons sous l'illusion de la noyade tant notre cerveau n'est pas formaté pour traiter ces milliards d'informations.

Heureusement, en face de ce flot permanent de mauvaises nouvelles, émergent des lumières qui vont nous guider demain : la conscience écologique, la quête de sagesse sous toutes ses formes, les nouvelles générations qui entrent en résistance au moment d'entrer dans leur vie professionnelle…

Comme Hesna Cailliau, auteur de *Le Paradoxe du poisson rouge* (éditions Saint-Simon, 2015 ; rééd. J'ai lu, 2019) et *Les Bâtisseurs du futur* (éditions Saint-Simon, 2019), « je crois au développement impersonnel qui nous relie au cosmos et nous éloigne de l'ego ». Je pense profondément que nous entrons dans l'ère de l'intuition ou plutôt de la réhabilitation de l'intuition. Nos modèles trop cartésiens nous coupent de nos intuitions et de l'imaginaire qui va avec. Or, l'intuition, c'est une intelligence supérieure qui surgit et dont on ne doit pas avoir peur.

Et en matière d'intuition, la création de Gifi fut l'intuition de ma vie.

Chapitre 3

L'intuition d'une vie

« Visez toujours la Lune.
Même si vous la manquez,
vous atterrirez parmi les étoiles. »

Les Brown

Gl de Ginestet, Fl de Philippe

1981 : il fallait que le petit aille à l'école.

Après des années sur les routes, nous décidons donc de nous poser et de prendre un magasin, mais pour cela il fallait trouver la bonne adresse. Sur les marchés plus qu'ailleurs, on sait que la priorité des priorités, c'est l'emplacement, l'emplacement, l'emplacement. J'étais d'ailleurs devenu le champion des emplacements auprès de tous les placiers. La meilleure place, c'était pour moi.

Alors, bien sûr, je n'avais qu'un objectif, le centre-ville de Villeneuve-sur-Lot. Très vite, autre enseignement de la vie, un principe de réalité a stoppé ma fougue : le prix du mètre carré en centre-ville. Inabordable pour mes deniers de l'époque. Je ne pouvais pas me payer le centre-ville. Qu'à cela ne tienne, je ferai venir le centre-ville à moi ! Et c'est ainsi que j'ai fait le pari le plus fou qui soit : prendre un hangar à l'extérieur de la ville, un local alors impensable aux yeux de beaucoup. Si j'avais suivi les conseils, je crois que je serais retourné faire les marchés…

Mais mon intuition allait s'avérer payante, j'allais recréer sous ce hangar mon stand des marchés : des produits en vrac posés sur des palettes, une grande diversité de gammes avec des lots que je récupérais de-ci de-là. Sous le même toit, les clients allaient avoir un choix inédit à des prix défiant toute concurrence.

Encore fallait-il donner envie de venir sur ce bout de nationale perdu dans la campagne. Même si j'avais un beau parking, il fallait décider les gens à prendre leurs voitures. François Mitterrand était élu depuis peu, une sorte d'euphorie futuriste se propageait sur la France repeinte en rose. Moi aussi, j'allais faire du neuf et voir la vie en rose. Déjà, il me fallait un nom, un nom qui claque, simple, qui sourit à la vie. Ce sera l'anagramme de mon patronyme avec GI de Ginestet et FI de Philippe.

Gifi, court, simple, efficace.

Mais Gifi allait surtout être « le vrai soldeur », et pour faire parler de moi, à l'époque – on ne disait pas « faire le buzz » –, j'ai décidé de prendre des encarts partout dans la presse sur le thème : « Enfin Gifi le vrai soldeur à Villeneuve-sur-Lot ! » En partant de rien, je créais l'événement ! Et l'événement fut à la hauteur de mes espérances et bien plus encore. Le bruit s'était répandu au-delà de Villeneuve-sur-Lot. On ne parlait que de cela : « Un magasin incroyable va ouvrir. »

J-8 : l'effervescence bat son plein ; le panneau de l'enseigne est livré, mais ne sera mis qu'au dernier moment, il faut ménager l'effet de surprise : Gifi le vrai soldeur ; tout un programme.

J-4 : toute la marchandise n'est pas encore arrivée ; je me souviens du stress comme si c'était hier. Même avec un seul magasin, la logistique, c'est la priorité. En parallèle, les pubs font leur effet, on parle de plus en plus de l'événement. Je crois que tout le monde avait coché la date du 18 septembre dans son agenda.

Jour J : 1 kilomètre de bouchon a paralysé la route nationale, obligeant la gendarmerie à venir faire la circulation. Une marée humaine se déversait dans notre hangar à un rythme incroyable. En quelques heures, nous avons été dévalisés.

Gifi était né et allait connaître un succès ininterrompu.

Je suis un passionné de poker et parfois l'art du bluff permet de rafler la mise ; pour moi qui quittais les marchés, ce magasin devait être unique et tenir toutes les promesses, même les plus folles.

Nous avions créé de l'espérance et des attentes, nous avons été dépassés par le résultat. Il a fallu plus d'une semaine pour réguler le trafic routier tant le bruit s'était répandu. Il fallait coûte que coûte voir ce magasin. Le gendarme avec lequel j'ai toujours gardé contact s'en souvient encore.

De ce premier magasin, j'ai tiré cinq enseignements importants pour la suite :

1. je n'avais pas le meilleur emplacement, mais je créais une offre inédite, charge à moi d'inventer « le mythe de l'enseigne ». L'emplacement reste de loin le critère majeur, mais ce qui apparaît comme un emplacement parfait pour les uns ne l'est pas forcément pour tout le monde, tout dépend de ce que vous créez sur place ;
2. l'enseigne était inconnue. Il fallait lui donner vie avant même d'ouvrir, d'où l'importance de la communication et du bouche-à-oreille. Sur les marchés, ceux qui attirent, ce sont ceux dont la voix porte fort, les fameux vendeurs à la criée. Sur un magasin sédentaire, les vendeurs à la criée, ce sont tes clients ;

3. les journées ne faisant que 24 heures, il faut trouver le moyen d'inventer la 25e heure qui fera toute la différence. Lorsque tu es dans « la machine à laver » de l'action, il faut pouvoir préserver le minimum vital pour la réflexion ;
4. faire plaisir à chaque client en transformant sa visite en moment de bonheur, en le surprenant. Un client n'est jamais aussi heureux que lorsqu'il repart avec des achats qu'il n'avait pourtant pas prévu d'acheter. Un client ne doit jamais venir que pour acheter, il doit aussi venir pour se faire plaisir, d'où l'importance de la qualité des équipes, car le sourire et la joie de vivre, on les a ou pas ;
5. la logistique est le pilier de la promesse client : un magasin bien tenu, bien rempli est un magasin qui tient ses promesses. L'expérience de ce premier magasin qui m'obligeait à rouler de nuit pour le réapprovisionner à la première heure le lendemain, à faire des miracles pour éviter les ruptures de produits, m'a initié à ce que des années plus tard on a appelé la « *supply chain* », qui est aujourd'hui au cœur de la performance de notre groupe pour répondre à près de 1 000 magasins.

Ça y est, de Gitan ambulant j'étais devenu commerçant, même si je continuais toujours à faire les marchés avec mon camion. Jusqu'au jour où j'ai dû arrêter tout en continuant à avaler les kilomètres pour chercher en particulier des fournisseurs.

La désindustrialisation de la France avait déjà fait des dégâts, à tel point qu'il était difficile de trouver des usines capables de fabriquer les produits dont nous avions besoin. Pour moi qui étais attaché à mes racines, à la France, mon entreprise 100 % française se devait de faire tourner les usines françaises bien sûr. Le « made in France » était à mes yeux une priorité. Le seul problème, c'est que dans ces années-là, pour nos gammes de produits, « le made in France » était compliqué à trouver. La France avait sacrifié ses usines. Qu'à cela ne tienne, nous allions créer une usine en France rien que pour nous.

Ainsi, j'ai fait une donation à mon fils dans le cadre légal des donations en lui demandant de mettre à profit cet argent pour créer une usine. L'usine fut créée et nous apportait satisfaction dans une logique de circuit court, jusqu'au jour où le zèle de l'administration stoppa notre élan. En nous imposant, bien que l'usine fût flambant neuve, des normes et des règles, l'administration nous obligea à fermer notre usine. La France d'alors n'aimait décidément pas trop les usines.

Pourtant, ce fut une bien belle histoire : créer et fabriquer français pour permettre aux Français de se faire plaisir. Aujourd'hui encore j'appelle de mes vœux la réindustrialisation de la France. La crise du Covid-19 a créé de l'espérance dans ce sens, mais est-ce que cela entraînera la création d'usines, au moment où j'écris ce livre, il est trop tôt pour le dire.

Il faut une vraie volonté politique pour rendre compétitifs nos emplois, il faut aussi une volonté capable de transformer le dialogue social à la française. Chez Gifi, nous avons la chance d'avoir des partenaires sociaux de grande qualité, car avant tout, ce sont des partenaires, alors que dans beaucoup de secteurs, ce sont des opposants.

Quoi qu'il en soit, nous qui sommes une entreprise française avec des actionnaires français qui vivent en France et qui réalisons 50 % de nos importations en Europe, nous serons les premiers à contribuer à la réindustrialisation de la France à notre modeste niveau.

Les règles administratives en France ont trop l'art de compliquer l'existence ; c'est ainsi. De toute ma vie, j'ai été extrêmement respectueux des normes et autres procédures administratives. S'il nous arrivait de nous tromper, nous nous empressions de corriger, les règles changent tellement qu'il est parfois difficile d'être toujours exemplaire. Et c'est là que les agents de l'État (inspecteurs du travail, douaniers…) sont essentiels, ils nous aident à comprendre et à agir.

Trop de personnes voient en eux des obstacles, « des ennemis de l'entreprise », alors même qu'ils ne font que leur travail pour nous permettre de respecter les règles. Certains peuvent faire du zèle et peuvent être franchement pénibles, c'est une vérité aussi. Prenons l'exemple des services des impôts ou l'inspection du travail si souvent redoutés et en particulier leurs fameux contrôles ! Si vous êtes dans les règles, vous n'avez rien à craindre, cette lapalissade est une évidence.

Dès le début, fort de mon expérience des marchés, nous avons ouvert le dimanche. J'avais depuis toujours constaté que la clientèle n'était pas la même le dimanche par rapport au reste de la semaine : plus décontractée, plus souriante aussi. Le dimanche était jour de fête. À l'époque, je demandais à mes équipes de venir en magasin « endimanchées » et de ne se concentrer que sur l'accueil et le bien-être des clients qui venaient se promener, se faire plaisir. Le dimanche, nous ne faisions aucune manutention, pas de cartons à ranger. Nous nous étions faits beaux pour honorer notre clientèle dominicale. Jusqu'au jour où j'ai eu la visite d'un inspecteur du travail qui venait constater notre travail du dimanche. Ce monsieur venait faire son travail, mais il était surtout là pour comprendre le nôtre. Nous avons beaucoup échangé ensemble et ses paroles me sont restées gravées comme une vraie marque de confiance. C'est ainsi que nous avons pérennisé le travail dominical qui aujourd'hui a bien évolué.

Les impôts sont aussi un service d'État redouté en raison du fantasme du fameux « contrôle fiscal ». Autant dire qu'entre mon statut de forain au forfait annuel et l'entrepreneur que je devenais, les subtilités fiscales m'échappaient quelque peu.

Mon premier beau-père, ça ne s'invente pas, était inspecteur des impôts ! Autant dire que les repas familiaux avaient parfois des tournures sérieuses avec beau-papa. Il m'a quelque peu sensibilisé aux préoccupations de l'administration fiscale. Fort heureusement, il m'a aidé à trouver mon premier comptable et c'est ainsi que nous avons établi notre service comptabilité dans le garage de sa maison avec notre première secrétaire, Christine, toujours dans l'entreprise au moment où j'écris ces lignes.

On ne devient pas entrepreneur en ne jouant que sur ses forces intrinsèques ; il faut être aidé et s'appuyer sur des « traducteurs/facilitateurs » de la chose publique. Les premières années sont forcément celles de l'apprentissage dans tous les domaines et c'est là, encore une fois, qu'il faut prendre avec considération les services de l'État. Les douanes font partie de ces services importants pour nous.

En 1988, dans la perspective de Noël, j'avais acheté des jouets. À peine les quatre containers arrivés, ils sont bloqués par la douane d'Agen alors que j'avais tout fait dans les règles. J'allais perdre notre recette de Noël et mettre en danger ma jeune entreprise à cause d'un problème de douanes, sans que je sache vraiment de quoi il s'agissait. Je me dépêchai de rentrer de Paris pour tenter de régler le problème. Je m'arrêtais toujours dans la même station d'essence pour faire le plein afin de rouler de nuit. Le patron de la station m'avait pris en amitié et venait souvent me faire la causette autour d'un café.

Ce soir-là, il m'interpelle en trouvant que j'avais une petite mine : « Dis donc tu vas prendre la route avec cette tête, tu as l'air crevé. » Comme dans un *roadmovie*, assis au comptoir, je lui raconte mes déboires : « Je risque de tout perdre, ils ont bloqué mes marchandises. » Et là, le patron de la station-service se transforme en ange gardien : « Si tu veux, je peux te mettre en contact avec quelqu'un qui peut être de bons conseils, il est douanier. »

Bien évidemment, je saisis ce signe du destin, je n'avais que cela.

Ce douanier m'a expliqué la situation : même si je pensais avoir tout fait dans les règles, il y avait un papier dont j'ignorais l'existence et que je n'avais pas rempli, en l'occurrence une licence d'exploitation. Il m'a expliqué que les douanes d'Agen avaient fait correctement leur travail et m'a aidé à obtenir les licences. C'est ainsi que la situation fut débloquée sans casse pour Gifi. Avec « mon douanier » une belle histoire d'amitié s'est nouée ; un an après, il se mariait en me demandant d'être son témoin. Il est devenu mon conseil en douanes et m'a aidé à éviter les erreurs.

Encore une fois, les services de l'État, pour lesquels j'ai le plus grand respect, sont là pour faire respecter les règles.

Il m'a aidé à les comprendre. En France, nous excellons dans l'art de la sophistication des règlements à tel point que, même de bonne foi, on peut être dans l'erreur. C'est pourquoi ces services sont essentiels pour nous aider, sous réserve, encore une fois, de ne pas tomber sur un zélé. J'ai souvent accueilli « mon douanier » lors de festivités auxquelles il adorait participer ; je l'ai accompagné jusqu'à sa dernière demeure un an après son mariage, étant atteint par une sale maladie.

Forts de tous ces enseignements, nous avons connu, dès le départ, une croissance de folie, au point où, très vite, on est venu me proposer un second magasin. C'est fou comme le succès attire et génère des amis.

Mais pour tenir le magasin, il faut être bien entouré. C'était un peu comme un second enfant ; nous avions réussi à créer un cadre de vie stable et serein pour notre fils, il fallait s'occuper de la croissance du second et de la suite…

Au début, mes premiers responsables de magasin venaient directement du cercle familial : premier magasin, ma première épouse ; second magasin, ma mère ; troisième magasin, ma marraine, puis mon frère !

Et comme ma vie est faite de belles rencontres, ma première collaboratrice, Patricia, et mon premier collaborateur, Ahmed, que j'ai connu lorsque je travaillais chez mes parents où il nettoyait les étables, sont tous les deux toujours dans l'entreprise. Une fierté pour moi.

J'étais alors loin d'imaginer ce qui m'attendait. À en croire certains, le pire était devant moi si je me mettais à recruter « des étrangers » : « Tu comprends, en famille tout se passe bien, la confiance est là, mais demain si tu confies un magasin à un étranger, là, ce sera une autre affaire, méfie-toi (sous-entendu ne grossis pas). » À l'époque, déjà, la règle des gens bien-pensants, c'était la méfiance, alors même que je m'apprêtais à bâtir une vie fondée sur la confiance.

La méfiance est triste, sclérosante, fermée, paranoïaque alors que la confiance est joyeuse, colorée, enrichissante…

Bien sûr que l'on peut se faire avoir, être trahi, ça m'est arrivé. On en tire les enseignements et on se concentre encore plus sur celles et ceux qui méritent vraiment votre confiance. La confiance est sûrement ce après quoi j'ai toujours couru depuis mon enfance. Parfois, il en faut peu pour avoir confiance en soi ou faire confiance ; un mot, une phrase pour que vous soyez convaincu que tout est possible. Pour moi, ce fut quelques mots : « Je serai toujours là pour toi. »

Ces quelques mots, c'est Maurice qui les a prononcés. Maurice était le compagnon de ma mère après que mes parents eurent divorcé. Maurice était l'exemple de la réussite, le plus « gros » maquignon du Sud-Ouest. Lors d'un Noël passé ensemble, au début de mon aventure Gifi, il s'est intéressé à mon petit business, lui qui représentait pour moi l'homme d'affaires par excellence. Il me dit sans aucune arrière-pensée : « Tu pourras toujours compter sur moi pour beaucoup d'argent, je serai là. » Qu'un homme comme cela me fasse confiance m'a donné une énergie incroyable.

Le temps passant, j'ai toujours pensé à Maurice, jusqu'au jour où je m'apprêtais à acheter mon sixième magasin

– 600 000 francs à l'époque. Seul problème je n'avais pas d'argent pour le payer et il me fallait me décider rapidement.

Nous avions décidé de ne plus ouvrir de nouveaux magasins. Nous avions une belle vie, les affaires marchaient bien, nous avions une jolie BMW 320, certes achetée accidentée… Nous venions même de découvrir les vacances au Club Med à la montagne où nous avons appris à skier, notre fils allant à la célèbre école de ski. Dans une telle ambiance, on fait des connaissances, on échange ses coordonnées… Sur le chemin du retour, on goûtait notre bonheur.

Deux mois plus tard, le téléphone sonne. L'une de mes connaissances du Club Med, un agent immobilier, me contacte pour me proposer un magasin. Malgré la décision de ne plus ouvrir de magasin supplémentaire, je me devais de l'écouter tout en trouvant le moyen de lui dire que je ne donnerai pas suite.

Je commençai par lui poser certaines questions.

« Ce magasin est-il dans une grande ville, sur un axe fréquenté, a-t-il un parking, quelle surface… ?

– Oui, oui, il est à Pau, sur la nationale qui va vers Bordeaux, il a un grand parking et le loyer est très attractif ! »

Devant autant d'arguments, je décide de le visiter le lendemain et retrouve cet « ami » de vacances et le propriétaire qui m'organisent la visite. Le magasin était très bien en effet, jusqu'au moment où le propriétaire m'annonce le prix : 600 000 francs. Impossible pour moi. Il insiste pour me montrer un second magasin, à Tarbes, encore plus beau que le premier et qui valait aussi 600 000 francs. Rebelote, impossible pour moi.

Sur le trajet du retour, il m'apprend que son père était boucher et que pour lui la parole, main dans la main, valait tout. Il me demanda de lui donner un prix, comme je ne proposais rien, il me dit : « Un million pour les deux. » Silence de mon côté. « 800 000 francs pour les deux. » Silence toujours. « Il faut me dire un prix », me dit-il. Sans me départir de mon sérieux, je lui dis : « 600 000 francs ! » Il me regarde et me demande de lui tendre la main, surpris, je lui tends et il me tape dessus : « Vendu 600 000 francs pour les deux ! » Impossible de reculer.

En remontant vers Villeneuve-sur-Lot, les mots de Maurice, que je n'avais pas revu depuis longtemps, me revenaient sans cesse dans la tête : « Tu peux compter sur moi pour beaucoup d'argent, je serai toujours là pour toi. » Pris d'une envie pressante, je me gare sur le bas-côté pour me soulager et réfléchir. Au même moment, une grosse Mercedes freine et se gare devant ma voiture, ce qui en soi était relativement cocasse.

Et là, qui vois-je, mon Maurice qui sort de sa voiture : « Hé, Philippe, comment vas-tu ? » Le destin en action. J'étais tellement heureux de le voir que j'ai décidé de ne rien lui dire, je n'ai pas voulu gâcher ces retrouvailles improbables ; j'ai voulu garder intact ce pacte de confiance et me suis débrouillé autrement pour trouver le financement. Le fait de le revoir m'a donné la fougue pour aller de l'avant pour aller convaincre mon banquier. Quelque part, Maurice a fait office d'ange gardien, toujours là au bon moment pour me remettre sur mon chemin. « Deviens qui tu es. »

Des années plus tard, c'est Maurice qui a eu des déboires en faisant faillite ; il était sur le point d'être à la rue, d'avoir sa maison saisie. J'ai tout fait pour la racheter afin qu'il puisse garder un toit sur la tête et avec toute sa dignité. Ce jour-là fait partie des plus beaux de ma vie. J'ai modestement aidé celui qui fut un pilier de ma vie et auquel je pense encore tous les jours.

On n'imagine jamais assez la puissance des mots ; un mot peut changer une vie, dessiner un destin. La confiance est sûrement l'un des plus puissants qui soient. Pour moi, elle avait le visage de Maurice. Comme quoi il est toujours intéressant d'écouter les conseils ; les suivre, c'est une autre histoire. Il faut toujours agir en son âme et conscience.

Les premiers magasins suivants ont tous eu plus ou moins la même histoire : un collaborateur ou un ami qui venait me voir en me disant : « Philippe, je veux en être, je veux ouvrir un Gifi. » Ma réponse était, elle aussi, presque toujours la même : « Vas-y trouve un magasin et je te suis. »

Le ciment de Gifi et nos fondations reposent vraiment sur la famille et la confiance née à cette époque ; ces deux piliers ont porté notre croissance et nous animent encore aujourd'hui.

Durant les dix premières années, nous avons ainsi ouvert des magasins d'abord dans le Sud-Ouest avant d'aller dans d'autres régions.

Avec une vingtaine de magasins, nous n'avions pas encore structuré une entreprise à proprement parler. Il n'y avait ni titres ni fonctions, juste des équipes au service des clients ! Nous n'avions pas d'organisation, encore moins de managers. Le maître mot, c'était la polyvalence, chacun faisait un peu tout dans la bonne humeur.

Je passais de plus en plus de temps sur les routes pour non seulement visiter les magasins, mais aussi aller faire mes achats à Aubervilliers. Je me souviens lorsque je passais boulevard Barbès que j'étais très impressionné par le grand magasin Tati, ce qu'avait réussi M. Ouaki était en soi un modèle. J'étais loin d'imaginer que, près de trente ans plus tard, j'allais sauver Tati et ses emplois.

Mes montées à Paris avaient des rituels, comme ma pause dîner porte Maillot à L'Entrecôte, pour moi le meilleur restaurant de la capitale ! C'était mon plaisir avant de prendre la route pour rouler toute la nuit. Sa formule originale créée en 1956 par Paul Gineste de Saurs fait encore aujourd'hui le bonheur des vrais amateurs ; les enfants du patron ont repris la recette.

Partout où nous nous installions, la clientèle répondait présent, à tel point que je devais organiser nos flux de marchandises en passant de la gestion des stocks au fil des ventes à une gestion plus structurée, maîtrisant davantage les entrées et les sorties ! Mais à l'époque je n'avais pas d'équipes dites « support », ni de directeur commercial, ni de responsables de secteur, ni de responsable d'entrepôt ; j'étais seul en lien direct avec les équipes magasins que je connaissais toutes par les prénoms de chacun.

Au milieu des années 1990, j'ai fait l'acquisition d'un entrepôt beaucoup trop grand pour nos besoins, mais qui représentait toutefois une vraie opportunité. Concomitamment, une belle entreprise, La Ruche méridionale, venait d'être rachetée par Casino, laissant sur le carreau pas mal de monde à Agen. Certaines personnes se sont rapprochées de nous. Il faut dire que nous commencions à bénéficier, dans la région, d'une belle réputation. Ce fut une magnifique opportunité pour tout le monde. J'ignorais alors qu'en accueillant ces personnes, l'une d'entre elles allait compter pour le restant de ma vie, des années plus tard, en devenant mon épouse. Je ne pensais et ne vivais que pour le travail, mais je n'étais pas pour autant insensible à la beauté et au charme italien de Melle Savaresi. Cupidon ferait son œuvre des années plus tard.

Avec cette équipe, d'un seul coup, j'ai pu structurer mon premier organigramme en intégrant une dizaine de personnes, toutes professionnelles dans les parties dont j'avais besoin (les achats indirects, la direction commerciale, la gestion de l'entrepôt…).

Il faut suivre les signes de la vie et ne pas hésiter à saisir les opportunités qui s'offrent à vous.

Cette fois, nous étions prêts à assumer la croissance. Sans jamais cesser d'être commerçant, je devenais aussi chef d'entreprise ! Je continuais à être sur la route, mais, désormais, j'avais une équipe au service des magasins qui devenaient de plus en plus nombreux. Je suis typiquement ce que l'on appelle un « patron de terrain ».

Pour que les équipes donnent le meilleur, il faut se donner à fond pour elles : plus vous vous donnez, plus vous montrez concrètement que vous les aimez tout en étant exigeant sur la qualité, plus vous êtes proche d'elles, plus elles se battent pour vous. L'engagement des équipes ne se décrète pas, il se mérite.

Depuis le début, pour trouver des bons prix, je travaillais avec des importateurs à Aubervilliers qui, dans les années 1980, était le lieu incontournable pour trouver les produits que je ne trouvais pas dans le tissu industriel français. Mais j'avais toujours en tête d'éviter les intermédiaires pour être sûr de pouvoir offrir les meilleurs prix à mes clients. Les premières usines où je me suis approvisionné en direct se trouvaient en Europe – en Espagne et en Italie en particulier. C'est terrible comment à l'époque les gouvernements successifs ont sacrifié les usines françaises. Au début, pour être sûr de la conformité des marchandises, j'allais moi-même les récupérer sur place avec mon camion, et au fur et à mesure que les quantités achetées devenaient importantes, la part de nos achats directs augmentait au point où, en 1988, nous avons créé le groupe GPG en devenant de fait importateur, distributeur et logisticien.

D'autant qu'en 1988, devant le nombre impressionnant de produits fabriqués en Asie, j'ai décidé d'aller me rendre compte par moi-même de ce qui s'y passait réellement. Sans parler un mot d'anglais, j'ai débarqué en Chine pour rencontrer des fabricants et mesurer les enjeux de fabrication. Nombre d'importateurs voulaient me prendre par la main ayant vite compris que mon objectif dans l'intérêt de mes clients était d'avoir le moins d'intermédiaires possible. Tout ce que je pouvais gagner, mes clients allaient en profiter.

J'ai sympathisé avec mon traducteur qui me servait de guide et d'interprète au point qu'il devint mon premier collaborateur chinois. Notre premier objectif était de suivre sur le terrain la qualité de fabrication de nos produits ; j'ai vite créé sur place une équipe, composée à l'époque de professionnels de la qualité. Par la suite, nous nous sommes renforcés avec des équipes achat pour trouver les meilleurs produits au bon prix avec toujours en tête de surprendre nos clients. En 2020, 50 % des achats de Gifi proviennent d'Asie et 50 % d'Europe. Nous avons défini avec nos fabricants des normes de qualité très strictes sur le plan de la production des produits et des normes sociales.

Je ne désespère pas, encore une fois, de voir revivre un tissu industriel français, moi qui, modestement, représente une belle réussite « made in France ». Même si mes services achats s'efforcent de détecter des fournisseurs de talents sur le sol national, il est encore aujourd'hui très difficile de trouver des usines correspondant à nos besoins.

Dès le début, je savais qu'en voulant offrir des prix attractifs, il nous fallait être irréprochables sur la qualité en faisant mentir l'*a priori* classique, pas cher = mauvaise qualité. Dans l'univers du discount, Gifi est l'enseigne qui a le moins de retours marchandises imputables à la qualité de ses produits, moins de 2 %, ce qui, dans le monde du commerce, est très faible.

De mes débuts en solitaire en Chine à notre organisation actuelle, nous avons réussi à bâtir une organisation sans cesse challengée dédiée à la détection et au suivi de produits de qualité. Aujourd'hui, tout le monde sait que travailler avec Gifi impose de respecter de vrais engagements.

Dans les années 1990, face à l'évolution de nos activités, nous avons mis en place ce qu'il convient d'appeler une vraie gestion d'entreprise, d'autant qu'à l'époque – en 1994 – des financiers ont évalué mon entreprise. Le montant qu'ils m'annoncèrent me fit prendre conscience non seulement du chemin parcouru, mais surtout des perspectives de croissance à venir. Durant cette période, les banques sont devenues progressivement de vrais partenaires, au point que j'ai embauché mon banquier Jean-Pierre Franconie qui fut mon premier directeur financier. Encore une fois, une histoire d'hommes.

1996 fut une date importante dans la croissance de Gifi *via* l'entrée de financiers dans son capital sous la forme d'un LBO. Durant les périodes préliminaires, un fonds d'investissement veut bien évidemment savoir où il va placer son argent ; il lui faut des éléments d'assurance et aussi de belles perspectives. Mais comme tout financier qui se respecte, ils ont besoin de tableaux de bord. De mon côté, je leur racontais l'histoire que je voulais vivre, je leur faisais partager ma passion et mes ambitions à tel point qu'ils ont eu le sentiment que je leur cachais quelque chose, alors même que je leur transmettais sincèrement ce que je croyais. L'un des financiers, le plus âgé, convainquit ses partenaires de me faire confiance : « Donnons-lui un objectif et s'il l'atteint, il entrera à hauteur de 45 % dans la New Co ! »

Le capital que j'ai ainsi récupéré, sans me rendre riche, m'a toutefois permis d'acheter un magnifique terrain à Megève sur lequel j'ai construit un chalet merveilleux pour accueillir mes équipes.

Par ailleurs, non seulement les objectifs furent atteints, mais ils furent même explosés ! Nous avions comme objectif commun de faire entrer l'entreprise en Bourse en février 2000. Certes, je n'étais plus seul maître à bord, mais je découvrais un univers qui a parfait ma formation financière. Bien sûr, je n'avais jamais suivi de cours de gestion, et pour moi le livre de compte, comme tout bon commerçant, se résumait à « recettes/sorties », avec toujours la rigueur de ne jamais dépenser plus que ce que l'on pouvait assumer.

Je pense les avoir beaucoup intrigués par ma capacité d'écoute. Certes, j'étais PDG, mais je devais faire des rapports, des comptes-rendus, demander des validations à Paris. J'apprenais encore et toujours, porté par l'envie d'aller loin. L'autodidacte sait qu'il ne sait pas, c'est sa force, il ne demande qu'à apprendre. Il ne voit jamais celui qui sait comme une menace, mais bien comme une opportunité. En clair, je savais compter ; avec la Bourse j'allais apprendre à investir. La rigueur qu'impose le fait d'être coté ne laisse aucune place à l'à-peu-près. Ce qui est dit doit être fait.

Une nouvelle fois j'apprenais en faisant confiance, en observant aussi. Mon sens du détail et mon goût des chiffres viennent de cette époque, au point que certains de mes collaborateurs sont toujours surpris de ma vitesse de calcul et de mon obsession du détail.

Nous avons introduit l'entreprise en Bourse le 10 mars 2000. Cinq ans plus tard, le fonds d'investissement a vendu sur les 55 % qu'il détenait la quasi-totalité, à savoir 50 %. Entre-temps, j'en profitais pour reprendre le contrôle à 50,94 % à un cours de 21 €, afin de redevenir vraiment patron. Lors du mini-crack de 2010 lié à la seconde guerre du Golfe, un financier qui voulait investir pour spéculer sur des valeurs en forte chute m'a permis de monter à 95 % du capital en lui rachetant sa participation dans Gifi. À partir de là, je devais, en raison du cadre légal de la

Bourse, sortir de la cotation. Il ne me restait qu'à racheter aux banques ce qu'elles détenaient encore de Gifi. Nous sommes sortis de Bourse dix ans après son introduction à un cours de 75 €. Je n'en avais pas envie pour autant, car non seulement la Bourse est un très bon levier de croissance, mais c'est aussi un univers de rigueur qui me plaisait.

Les années 2000 ont été marquées par une vraie croissance qui s'est accélérée après le rachat d'une trentaine de magasins de la Foir'Fouille. Ce fut un premier cap.

Entre-temps, les idées de génie ont commencé à germer et mon objectif au début des années 2000 était de faire de Gifi la marque aux bons prix qui n'avait qu'un objectif : étonner et surprendre ses clients. Gifi m'a offert des moments magiques en tant qu'homme autant qu'en tant que patron et même que père. L'un de mes meilleurs souvenirs fut le jour où mon fils Alexandre, âgé de 17 ans, vint m'annoncer qu'il voulait quitter l'école pour rejoindre Gifi. Je ne voulais en rien l'influencer soit en acceptant trop vite, soit en refusant. Je lui ai dit de réfléchir une semaine afin de bien mûrir sa réflexion afin qu'il soit sûr de vouloir s'engager.

Au fond de moi, sans jamais lui avoir avoué, j'étais très fier de son envie de monter à bord ! Avoir son fils à ses côtés est une vraie source de bonheur, même si trouver ses marques professionnelles aux côtés de l'amour qui nous unit n'a pas toujours été aisé, je dois l'avouer. Déjà qu'être père, ce n'est pas toujours facile, surtout lorsque l'on est investi à 10 000 % dans son entreprise…

Il a fait « ses classes » dans l'entreprise en lui dédiant aussi sa vie… et tout en devenant au fil du temps coactionnaire à mes côtés. Il aurait pu être un héritier rentier comme tant d'autres, il a préféré être à mes côtés.

Aurais-je dû lui dire d'attendre, de faire ses armes ailleurs, de prendre le temps de se créer ses propres rêves… ? Je ne saurai jamais répondre à cela. Son choix fut le mien et j'en suis heureux.

De même, si je suis heureux d'avoir bâti une grande famille de bientôt 10 000 collaborateurs, je le suis d'autant plus que les membres de ma famille ont toujours été autour de moi ; ma première épouse, avec laquelle nous avons eu l'intelligence de cœur de gérer notre séparation dans un profond respect mutuel, a fait sa carrière dans l'entreprise, mon fils, ma belle-fille et, bientôt, mes petits-enfants qui, une fois diplômés de leur école de commerce, rêvent déjà de rejoindre la maison familiale.

Et bien sûr Brigitte, mon épouse, qui passe sa vie avec moi aux côtés de nos équipes et qui a pris en charge tous les enjeux de notre culture. Elle joue depuis des années un rôle essentiel dans la dynamique de notre groupe en étant à l'écoute de chaque collaborateur et en aidant l'équipe dirigeante à veiller aux respects de nos fondamentaux. Elle fut, en 2018, la première directrice de la culture, membre d'un *board* en France.

Au-delà d'être la femme de ma vie, elle m'inspire au quotidien et veille sur moi. De surcroît, son fils Marc-Enzo, mon beau-fils, a lui aussi rejoint Gifi ; il fut l'un de nos brillants responsables de magasin avant de rejoindre notre pôle international. Notre histoire fut celle d'une union d'âmes. Nous travaillions énormément, elle comme mon assistante, jusqu'au jour où l'évidence s'est imposée : nos chemins ne devenaient qu'un. J'ai mis du temps pour l'épouser au point, je pense, qu'elle s'était résignée sur le sujet. Inconsciemment, je crois que j'attendais le bon moment pour lui faire la plus belle des surprises. Et pour une surprise, c'en fut une sacrée. Je reviendrai sur le sujet.

Le confinement dû à la pandémie, qui m'a fait vivre les heures les plus compliquées de ma vie de patron pour sauver l'entreprise et ses emplois, a coïncidé aussi avec ma convalescence à la suite de mon cancer. Deux mois où, avec Brigitte, isolés, nous avons vécu la *dolce vita*, version Pujols, notre petit village. L'amour est de loin la meilleure source de vie.

Au-delà de cette saga familiale, j'ai eu la joie d'une réussite amicale magnifique avec des hommes et des femmes sans qui je n'aurais pas forcément réussi à bâtir le groupe GPG. Pour moi, la vie est une fête et doit être vécue comme telle. N'ayant jamais oublié d'où je venais, ayant le sens des centimes, je sais le prix de la liberté qui est avant tout un choix.

Celles et ceux qui me connaissent savent pertinemment que je ne suis pas un flambeur et que j'ai encore moins des goûts de riche. Derrière chacune de mes acquisitions, chacun de mes projets, il y a la volonté de faire dans l'intérêt de mon groupe.

Si la réussite de Gifi est celle que l'on connaît, c'est évidemment lié au fait que nous avons toujours réinvesti les bénéfices dans l'entreprise. Ma doctrine est simple, tout ce que je peux m'offrir doit me rapporter. Acheter pour acheter ou entasser n'a aucun sens à mes yeux. Je suis tout sauf attaché au matériel.

Prenons l'histoire de mon yacht : aux yeux de n'importe qui, c'est un signe manifeste de richesse et c'est vrai. Pour moi, c'est un rêve devenu réalité, un vrai plaisir qui rapporte. Je m'explique : tout a commencé à mes débuts, lorsque je faisais mes premières ventes dans la région de Cannes. Je regardais les bateaux et me demandais qui pouvait bien se les payer. Lorsqu'on m'a donné le prix, c'est clair que je pouvais passer mon chemin tout en continuant à rêver.

Un jour, pour des vacances, j'ai décidé d'en louer un, ce qui, au passage, m'a donné une certaine idée de l'investissement. Cette sensation de liberté, ce sentiment d'être nulle part entre ciel et terre, sans point où accrocher le regard si ce n'est les étoiles ou le soleil, d'être seul au monde, est tout simplement incroyable !

Par curiosité, mais aussi par envie, je suis allé visiter le salon nautique de Cannes. Je sympathise avec un vendeur de bateaux, issu comme moi du Sud-Ouest, qui m'a vite cerné et m'explique qu'un bateau, ça pouvait se louer, se louer même très cher et, mieux, pouvait ne rien vous coûter. Il m'a convaincu en me permettant de rationaliser mon rêve. On se tape dans la main, mais à une condition, qu'il me vende des actions de sa société. C'est ainsi que d'une envie inaccessible, j'ai réalisé un projet d'investissement à partir comme toujours d'une vraie rencontre avec deux principes : 1. l'importance des relations humaines et 2. ne pas perdre d'argent.

J'avais mon propre bateau. Beau, mais, au regard de ceux qui mouillent dans le port de Saint-Tropez, relativement modeste. Trois ans plus tard, je suis retourné sur le salon nautique et tombe sur un magnifique bateau – c'est fou comme dans le nautisme, il y a toujours plus beau, toujours plus grand, toujours plus fou. Je demande si c'est possible de le visiter à une dame qui de toute évidence faisait une sélection à l'allure… et apparemment je ne devais pas correspondre à ses critères. Qu'importe, j'appelle le capitaine du bateau que je louais et lui explique que j'ai vu tel bateau. Il le connaissait très bien, d'autant que ce bateau semblait être une bonne affaire potentielle en raison du désistement d'un acheteur, le chantier l'avait sur les bras. La dame fort peu aimable s'est transformée en hôtesse des plus agréables pour nous le faire visiter ; exactement le type d'attitude que j'exècre. Le prix annoncé me figea malgré la remise consentie spontanément. Je décide de faire une contre-offre, rejetée d'emblée. Je n'avais pas abattu toutes mes cartes.

Je fais rappeler les vendeurs pour leur dire que je faisais un chèque tout de suite, ce qui changea la donne, sachant toutefois que je n'avais pas précisé le montant du chèque… Les vendeurs pensaient à la totalité, moi je pensais acompte. Une fois le chèque entre leurs mains, il était difficile de faire machine arrière ; c'est ainsi que nous avons monté une entreprise qui assure l'exploitation de deux yachts qui sont en quasi-autogestion. Je suis devenu à mon tour armateur en louant de temps en temps mes propres bateaux.

Je savais qu'en achetant ces bateaux, je risquais d'entretenir l'image que certains aiment alimenter à mon encontre. Qu'importe, il faut pouvoir vivre ses rêves comme on le souhaite. Pour moi, c'est surtout de ne pas perdre d'argent ou comme on dit trivialement « ne pas péter plus haut que son c… ».

En quelques décennies, nous avons réussi à créer un leader français qui rayonne à l'étranger, une culture d'entreprise et une organisation qui lui assurent une pérennité pour les cinquante ans à venir !

Mieux, notre modèle centré sur l'Humain est devenu une ligne de conduite avec un concept qui nous caractérise de l'intérieur – « la Distribution a du cœur » – sur laquelle je reviendrai plus tard. Nous avons aussi forgé une culture d'entreprise qui est un hymne à la vie, à l'excellence et au partage, faisant de l'humilité une règle de conduite.

Lors de l'épisode du Covid-19, nombre d'entreprises toutes plus respectables les unes que les autres se sont engagées dans des actions de soutien pour nos héros en blouse blanche, ce qui est formidable. Ce qui le fut moins, c'est que la plupart des actions étaient suivies de communiqués de presse et de posts sur les réseaux sociaux. La communication avait rattrapé la générosité. C'est dommage.

Chez Gifi, nous avons mené plusieurs actions similaires, comme l'opération « Cœur de chocolats » où 100 % de nos magasins ont distribué leurs stocks de chocolats aux hôpitaux la veille du week-end de Pâques, histoire d'apporter un peu de douceur. Notre pudeur et notre solidarité nous interdisaient à l'époque une quelconque mise en avant. Le fait d'en faire écho dans ce livre est un moyen pour moi de rendre un nouvel hommage à la mobilisation de mes équipes.

Gifi, c'est cela, une *success story* française, « made in Villeneuve-sur-Lot », qui en toute discrétion et humilité est devenue la plus belle des familles.

« Partir où personne ne part
Aimer jusqu'à la déchirure
Aimer, même trop, même mal,
Tenter, sans force et sans armure,
D'atteindre l'inaccessible étoile
Telle est ma quête,
Suivre l'étoile. »

***La quête* de Jacques Brel**

Chapitre 4

Un patron n'est rien sans ses équipes

« Le travail individuel permet de gagner un match, mais c'est l'esprit d'équipe et le travail collectif qui permettent de gagner la Coupe du monde. »

Aimé Jacquet

Ne jamais rien faire comme les autres, c'est la meilleure manière d'être unique

Je rencontre souvent des personnes qui ont du mal à comprendre mon mode de vie passé au milieu de mes équipes. Souvent, on me sort les clichés du patron paternaliste type XIXe siècle ; parfois, on me transforme en gourou…

J'ai mis du temps à comprendre ces jugements de valeur sur une vie qui n'a jamais rien demandé à personne, jusqu'au jour où j'ai commencé à être pris en exemple, à recevoir des prix et autres distinctions toutes plus prestigieuses les unes que les autres. Pour moi, qui n'ai eu aucun diplôme, le fait d'être distingué m'a, bien sûr, fait réfléchir sur ce que je pouvais représenter aux yeux d'autrui alors que, en mon for intérieur, je resterai le fils d'un maquignon.

Depuis toujours la confiance a guidé mes pas, comme on l'a vu avec Maurice ; on pense souvent à tort qu'en affaires, il ne faut jamais faire confiance ; mieux, la méfiance serait une force. Quelle bêtise.

La méfiance est un aveu de faiblesse pathétique ; cela revient à se calfeutrer, à être en soi et non avec les autres. La confiance en l'autre est le reflet de sa propre confiance en soi.

Pour mes premiers magasins, nous l'avons vu précédemment, je n'ai pas eu de soucis côté confiance puisque j'étais entouré par ma famille. Mais le succès de Gifi repose sur une seule doctrine : tout mettre en œuvre pour que chaque personne ait envie de faire sienne l'aventure, de s'y construire aussi. Dès le départ, j'ai instauré une grande proximité avec toutes mes équipes ; lorsque je parle de famille, je prends ce mot à bras-le-corps, dans toute sa puissance.

Dès le début, j'ai partagé le succès de Gifi, mais aussi mon goût de la fête. Depuis toujours j'aime les grandes tablées, j'aime voir les gens danser, chanter, être heureux. Tous nos séminaires ont sans exception une part de magie ; je mets parfois des mois pour les concevoir, en imaginer les moindres détails. Avec Brigitte, c'est notre bonheur de tout anticiper pour que nos équipes soient heureuses. Des jours, des soirées, des nuits parfois à noircir des pages et des pages, à trouver le bon scénario de voyage et le lendemain tout refaire… Chacun de nos séminaires est un moment d'exception où chacun se sent vraiment unique.

Sans jamais avoir eu recours à des agences spécialisées d'événements, j'ai offert à mes équipes des séminaires inoubliables à jamais gravés dans nos cœurs.

Las Vegas, Maroc, île Maurice, Megève, autant de destinations de rêve, auxquelles s'ajoute la privatisation du *Club Med 2*, le plus grand voilier pour une croisière inoubliable, et, bien sûr, le mariage de mon fils.

Parmi eux, la privatisation du Club Med de l'île Maurice où nous avons remporté le prix du plus grand nombre de personnes à danser dans la piscine – 472 exactement – fut un moment fort de notre entreprise. Ce séminaire m'a offert l'un des moments les plus émouvants de ma vie, avec mon petit-fils Hugo, âgé à l'époque de 6 ans. J'ai revécu ces émotions dix ans plus tard avec ma petite-fille Alice pour les 30 ans, cette fois, de l'entreprise.

J'avais prévu que mon petit-fils ouvre la séance plénière de notre séminaire en m'annonçant. Tous les deux nous avions répété les deux phrases qu'il avait dire, je lui avais expliqué qu'il ne devait pas avoir peur des applaudissements et du bruit du public, que tant qu'il y avait des applaudissements il devait attendre pour parler. Un vrai coaching grand-père/petit-fils.

Le jour J, tous les deux dans le taxi en direction de la salle, lui avec son bermuda, son veston bleu marine et ses lunettes de soleil, j'avais les miquettes (pour traduire, j'avais le trouillomètre à zéro). Lorsque, tout d'un coup, il se tourna vers moi et me dit avec une voix très sérieuse : « Papou, je voudrais dire autre chose. »

Moi surpris : « Ah oui et quoi ?

– Je voudrais dire à tout le monde que j'aime très beaucoup mon Papou ! »

Rien que de me remémorer ce souvenir les larmes me viennent, tellement le moment était magique. Ce « je t'aime-là », c'est tout le sens de la vie, de l'éternité aussi. Des centaines de personnes nous attendaient ; dans les coulisses, Hugo était dix fois plus zen que moi. Ce petit bonhomme qui m'aime et que j'aime va bientôt entrer en scène…

GO !

Une foule immense se lève devant lui – haut comme trois pommes – pour l'accueillir en l'applaudissant. Et comme il avait bien retenu la leçon, il resta figé, silencieux en attendant que les applaudissements cessent, mais plus il attendait, plus ils redoublaient de vigueur. Sans qu'il ne me voie, par-derrière j'ai fait signe à l'assemblée de s'asseoir afin qu'il puisse dire son petit mot. Et rebelote, avant même qu'il eût le temps de finir, les applaudissements repartirent de plus belle. Rerebelote, mon Hugo se tait… Je suis obligé de passer une tête pour faire signe à la salle afin qu'il puisse terminer : « Avant d'accueillir mon Papou, je veux dire que moi, j'aime très beaucoup mon Papou ! »

Je me suis jeté dans ses bras, submergé par l'émotion, les larmes. Ces quelques secondes dont il ne pouvait avoir conscience de l'importance m'ont bouleversé, il n'y avait plus de séminaire, de centaines de collaborateurs, j'étais seul avec mon petit-fils, et, je dois l'avouer, j'aurais aimé que ça dure une éternité.

Dix ans plus tard, ma petite fille Alice du haut de ses 10 ans m'a offert le même bonheur pour les 30 ans de Gifi. Ces trente ans fêtaient les talents de Gifi. À l'instar d'Hugo, elle a fait l'introduction du séminaire : comme une petite fée, elle est entrée sur une scène que nous avions transformée en immense plateau de télévision et, de ses yeux magnifiques, elle a électrifié la salle. Être accueilli par sa princesse vous donne une énergie là aussi incroyable, car au fond de soi, ce qui se passe, tant avec Hugo qu'avec Alice, c'est tellement plus qu'une mise en scène ou un jeu… C'est de l'amour, tout simplement.

Dans un autre registre, les voyages à Las Vegas font aussi partie de notre histoire. Ce sont mes équipes qui m'ont fait découvrir l'Amérique en m'offrant pour mes 50 ans un voyage à Vegas, dans le plus bel hôtel, Le Bellagio.

Moi, qui aime le poker, je découvrais la Mecque de ce jeu, cette ville surréaliste. Mais ils me l'ont offert dans des conditions abracadabrantesques.

Retours sur un anniversaire pas comme les autres, dont je me souviendrai toute ma vie, organisé en cachette par mon fils Alexandre. Le 15 avril 2004, date de mon anniversaire, je devais participer au marathon de Paris, mais une blessure à la cheville en a décidé autrement. Qu'importe mes 4 h 30 de dépassement, j'allais tout de même les faire, comme si je voulais me prouver à moi-même qu'à 50 ans je n'étais pas fini, pour ne pas dire vieux. Alors qu'aujourd'hui, qu'est-ce que j'aimerais les avoir, ces 50 balais que j'avais tant redoutés.

J'étais au chalet, tout seul avec le chien de mon fils. Deux heures de course sur le tapis, deux heures trente de vélo ; j'avais franchi dans ma tête ma ligne d'arrivée.

Le lendemain, je devais être à Toulouse, ayant promis à mon ami Jean-Pierre Dupin d'être le parrain de son spectacle et d'être présent sur le plateau de France 3 pour lui apporter mon soutien. Quelques semaines plus tôt, il m'avait en effet annoncé qu'il allait jouer vers la mi-avril. Connaissant le garçon, j'avais, flairant l'embrouille, fait immédiatement le lien avec mon anniversaire, mais je l'ai laissé dire en jouant le jeu. Peu de temps après, un journaliste me contacte afin de m'interviewer après le spectacle. Convaincu que tout cela faisait partie d'un scénario, je laisse traîner ; le journaliste insiste, me propose de m'envoyer des questions, me relance une fois, deux fois, trois fois. Entre-temps des affiches du spectacle de Jean-Pierre sont placardées partout, y compris dans le Villeneuvois. Il jouait le 10 avril. En passant devant, là, je me dis :

« Ils font fort tout de même. » Puis le jour de la représentation arrive, Jean-Pierre donne un vrai spectacle. Je m'étais fait des idées, je serai bien sûr là pour venir sur le plateau de France 3. Je trouvais tout de même bizarre de ne recevoir aucun appel, aucun message alors qu'en temps normal mon téléphone crépite le jour de mon anniversaire. C'était tellement étrange que je me disais : « Ils me préparent quelque chose, ce n'est pas possible. »

Je décide de m'avancer en prenant la route pour aller vers Toulouse. Je m'arrête au Cap d'Agde en me disant, quitte à être tout seul pour mes 50 ans, autant me faire plaisir en allant tenter ma chance au casino. Journée sans, je perds tout ; il ne me restait qu'à aller me coucher avec mon chien. Le lendemain, sous une pluie battante, je m'arrête faire le plein et au moment de remonter dans la voiture, les portes se verrouillent, le chien ayant appuyé sur le bouton, tandis que je devais participer à l'émission en direct. Après de vaines tentatives pour faire bouger le chien qui me regardait avec un air que je qualifierais de narquois, du genre « je t'ai bien eu », je me résous à appeler un taxi, envisageant de faire remorquer la voiture avec son occupant. Ce dernier a dû le comprendre, dans un mouvement inespéré, il réappuie sur le bouton. Sauvé, je fonce et arrive juste à temps au studio, pour me faire toiser par un vigile, type montagne de muscles pas commode, qui me donne l'ordre de ne pas bouger, de me calmer, de décliner mon identité… Tout ce dont j'avais besoin pour être à l'aise après le stress que je venais de vivre.

On m'emmène au maquillage et là, la jeune maquilleuse commence à pleurer. Je lui demande ce qui se passe et je comprends vite que je suis l'objet de sa crise : « Il y a un imbécile qui arrive en retard, tout le monde panique pour le direct et c'est sur moi que ça retombe. » J'essaie de lui faire comprendre qu'il y a des choses plus graves dans la vie, en évitant de lui dire que l'imbécile, c'était moi.

Je suis enfin accueilli sur le plateau, on effectue les réglages lumière avant l'antenne comme il se doit. On me fait monter, descendre de mon siège, rien n'allait. La régie ayant laissé les micros ouverts, je les entends même dire : « Ce n'est pas notre faute, il est trop petit celui-là, il n'a pas une taille normale. » Réjouissant.

Enfin, l'émission démarre et moi qui étais venu soutenir mon ami Jean-Pierre, je me trouve bombardé de questions sur mon premier livre, ce qui n'était pas prévu. Très vite nous sommes passés à une critique à l'acide ; au bout d'un moment, n'en pouvant plus, je préviens une personne du plateau que je vais partir et que ça suffisait ! Comprenant que je ne reculerais pas, ils interrompent l'émission et me raccompagnent. Inutile de préciser mon état d'énervement jusqu'au moment où je tombe « nez à nez » avec ma bande de copains venus fêter mon anniversaire en participant à ce qui était, en définitive, une fausse émission.

Sans que j'aie conscience de l'endroit où nous étions, on traverse une scène derrière un grand rideau, qui, d'un seul coup, se lève ! Je me retrouve devant cinq cents collaborateurs venus me souhaiter mon anniversaire. Ils avaient vécu en direct la farce en la suivant sur écran. De toute la France, ils s'étaient déplacés à leurs frais sous l'impulsion d'Alexandre, qui avait réussi à me piéger en m'offrant un magnifique cadeau.

Et en plus, ils m'offraient Vegas ! On imagine aisément les émotions par lesquelles je suis passé. C'est ça, l'esprit famille.

Arrivé à Vegas, devant ce magnifique cadeau, je ne pouvais m'empêcher de penser à la folie que ça représentait. Je n'avais qu'un objectif, remporter le jackpot pour pouvoir le distribuer à mes équipes. Assis devant les machines à sous, j'ai joué jour et nuit, jusqu'au moment où le jackpot est tombé. Je l'ai tellement voulu que j'ai fini par le gagner. Imaginez la sirène, le bruit, on est au cinéma… Avec Brigitte, on y croyait tellement. J'ai ainsi pu faire plaisir à celles et ceux qui m'avaient gâté en redistribuant intégralement le jackpot à mes équipes.

Je m'étais alors juré d'emmener à mon tour mes équipes à Vegas dans les mêmes conditions ; leur faire vivre ce que j'ai vécu grâce à elles. Depuis, grâce au tournoi de poker Gifi Poker Plaisir que j'ai créé pour faire jouer mes équipes, nous y avons emmené plus de deux cents personnes en plusieurs voyages. Tous ces moments uniques de communion, vus de l'extérieur, peuvent surprendre ; on nous prend parfois pour des fous alors que nous aimons être ensemble. Vivre ensemble.

Mais de toutes les destinations, celle qui fut la plus incroyable est en France. Il n'est pas forcément nécessaire d'aller au bout du monde pour vivre un moment magique. Imaginez quatre cents personnes qui investissent la station balnéaire du Cap d'Agde : on abandonne nos voitures pour ne circuler qu'à vélo, on vit sur une plage totalement transformée en oasis géante pour l'occasion plantée de palmiers… Un souvenir inoubliable.

Lorsqu'une équipe a le cœur empli de souvenirs partagés, de bonheur et de joie, elle est bien plus qu'une équipe. Elle est ma famille. Vous ne pouvez imaginer mon bonheur que d'avoir toujours à mes côtés Patricia, ma première collaboratrice, Isabelle, qui est aussi arrivée au début et qui aujourd'hui gère la finance de GPG, Michel, Joël, José, Thierry, Ahmed ou encore Philippe qui sont des piliers du groupe aujourd'hui…

Et il y en a tellement d'autres qui tous, à un moment de leur vie, ont dit : « On en est ! » Aucun d'entre eux ne se sent salarié, ils sont de la famille. Certains ont décidé à un moment de nous quitter pour mieux revenir quelques années plus tard. Dans une famille, la porte doit toujours rester ouverte. Trop peu d'entreprises savent d'ailleurs bien traiter les départs, souvent mal vécus. Au nom de quoi un employeur aurait à juger les choix des personnes ; un employeur n'est que locataire du talent de ses équipes ; d'où l'importance lorsque la personne en a de bien soigner son départ, car, un jour peut-être, elle reviendra enrichie d'une nouvelle expérience.

La fidélité n'est pas une règle figée dans le délai contractuel de la relation employeur-employé ; elle peut être humainement infinie.

Loin des grands dogmes managériaux étudiés à l'école, j'ai fait de l'inclusion le principe de base de ma relation à mes équipes. Je ne recrutais pas pour profiter du talent d'autrui, je recrutais pour agrandir et partager le gâteau. C'est pour cela en particulier que je n'ai jamais aimé les titres ronflants, partant du principe que le plus beau titre qui ne figurera jamais sur une carte de visite, c'est le patronyme de la personne. Dans la plupart des entreprises, on attire avec des titres et des carottes, histoire de prendre les gens pour des ânes. L'école de la vie m'a appris que la seule chose qui importe, loin devant tous les signes de vanité, c'est de permettre à chaque personne d'exister vraiment en lui donnant les moyens de devenir ce qu'elle veut être. Chaque individu étant par définition unique, pourquoi vouloir l'enfermer dans un cadre ? Chaque individu peut faire de sa vie un miracle ; pourquoi vouloir le couler dans un moule ?

J'ai toujours aimé le texte des tailleurs de pierres attribué à Raymond Lulle, philosophe, alchimiste, poète, mystique et missionnaire majorquin du XIIIe siècle : « Un jour le roi, passant devant un chantier, demande à un ouvrier qui taille des pierres : "Que fais-tu ?" "Je taille des pierres", lui répond cet homme. Il pose la question à un deuxième ouvrier qui lui répond : "Je gagne ma vie..." Enfin, le troisième, à qui il fait la même demande affirme, resplendissant : "Je construis une cathédrale !" »...

En clair, être entrepreneur, c'est savoir dénicher des bâtisseurs de cathédrales ! Le talent est forcément iconoclaste, il ne faut pas en avoir peur, il faut le travailler, l'amener à maturité pour qu'il puisse donner le meilleur de lui-même. Mais le vrai talent est toujours libre et il ne sert à rien de vouloir l'enfermer, pire l'acheter. Le talent ne se vend pas, il se donne à partager.

Toutes les vies sont respectables et doivent être respectées. Chacun a toujours le choix de son regard sur ce qu'il fait. Je peux m'ennuyer, m'attrister de passer ma vie à ne casser que de vulgaires cailloux... mais je peux aussi m'enthousiasmer de construire une cathédrale, quand je casse de simples pierres... les pierres elles-mêmes en seront plus joyeuses ! Et puis… ma cathédrale n'est ni une chimère ni un impérieux but à atteindre, elle est mon chemin…

Se (re)construire, c'est imaginer créer et construire la plus belle des cathédrales. Je n'ai qu'à regarder autour de moi dans notre groupe, il s'en trouve de fort réussies… Bien avant les principes de RSE, de non-discrimination et autres règles en vigueur aujourd'hui, chez Gifi, nous avons accepté tout le monde sans distinction aucune.

La vertu de ne venir de nulle part, c'est que l'on s'intéresse à l'essentiel, au cœur des gens. Toutes les personnes qui ont voulu rejoindre l'aventure Gifi, dès lors que leur sincérité était avérée, montaient à bord. La seule règle à respecter : porter avec fierté nos couleurs et bosser dans le respect du collectif. Je suis d'une terre de rugby et plus que dans n'importe quel sport, le maillot fait sens pour ce qui est le seul sport de combat collectif. « Un pour tous, tous pour un. »

Aujourd'hui, notre groupe est un melting-pot extraordinaire avec une diversité de profils, d'origines, de formations… Notre tribu est un hymne à la concorde entre les hommes.

Des débuts à aujourd'hui, chaque embauche s'est faite dans une envie partagée. Lorsque je recrutais moi-même mes collaborateurs, j'expliquais clairement mes attentes en donnant les responsabilités nécessaires à l'atteinte des objectifs ; j'entends par responsabilités non pas des titres encore une fois, mais bien la latitude pour agir sereinement et librement. De la liberté d'agir découlent la liberté d'être et l'envie de réussir en se sentant pleinement utile. Se sentir utile est essentiel à la considération. Ces notions étaient bien évidemment instinctives au commencement, elles sont devenues culturelles par la suite.

Le plus important est de savoir récompenser, car une récompense quelle qu'elle soit est l'expression de la reconnaissance du travail bien fait. Il y a le travail pour lequel on est normalement payé et il y a le travail mené avec un supplément d'âme qui doit être connu et reconnu ; à ne pas confondre avec du zèle de courtisan bien sûr.

Je suis surpris d'ailleurs de constater aujourd'hui dans les entreprises, et parfois chez nous, je dois bien l'admettre, à quel point les managers ne savent pas manager. Ils sont payés pour donner envie à leurs équipes et la plupart du temps ils font l'inverse en les enfermant dans des contraintes contre-productives. Là où il faut libérer les énergies, on crée des modèles de sanction. L'instinct de l'autre, le goût de l'autre n'ont que rarement droit au chapitre. C'est comme si nous étions au bout d'un système de management épuisé, esseulé au point où on ne sait plus quoi inventer pour donner du sens aux managers alors qu'il faut tout simplement redonner du bon sens aux relations, à commencer par donner du temps pour manager, partager, vivre avec ses équipes.

Un patron, quel que soit son pouvoir, doit vivre avec et pour ses équipes. Son exemplarité en empathie est aussi importante que sa maîtrise technique.

Tout étant devenu process, plus personne n'ose bouger. Il faut suivre les règles alors qu'il faut surtout, en management, suivre autant sa raison que son cœur ; l'alignement tête, cœur, tripes n'est pas un process, mais bien un principe de vie.

Pire, certains managers collectionnent les talents comme des trophées de chasse, justifiant leur statut par le nombre de personnes encadrées. « Plus j'ai de monde, plus je suis important », oubliant que ce n'est pas la quantité qui fait la puissance, mais l'intelligence et en particulier celle du cœur.

Contrairement à certains patrons qui ne pensent qu'à s'enrichir sur le dos de leurs équipes, j'ai toujours cherché à associer mes équipes à la réussite de l'entreprise. C'est d'ailleurs dans cet esprit que j'ai créé le statut de mandataire qui permet à toute personne méritante de devenir son propre patron et de tirer profit des bénéfices de son travail. Nous avons créé les règles de notre propre ascenseur social. Devenir patron de magasin, voire de plusieurs sous mandat a permis à énormément de talents de réussir dans tous les sens du terme. Dès que Gifi a commencé à grandir, je me suis très vite dit : « Comment je peux les associer ? » Cette envie de tout partager avec celles et ceux qui expriment de la fidélité à la famille Gifi ne m'a jamais quitté.

De fait aujourd'hui, 60 % de nos magasins sont tenus par des mandataires qui sont de vrais patrons avec lesquels nous partageons une vision de l'entreprise. Je suis convaincu d'ailleurs que c'est pour cette raison que nous sommes vraiment uniques ; il suffit d'aller dans l'un de nos magasins pour ressentir cette différence humaine basée sur la considération et la reconnaissance de chacun.

Chaque année, par exemple, nous célébrons la fête de l'entreprise, cette grande opération « J'aime ma boîte », orchestrée de main de maître par Sophie de Menthon, la présidente du mouvement Ethic, qui invite les entreprises et leurs salariés à exprimer leur fierté collective. Lors de l'édition 2015, nous avions mis en place à la centrale la plus grande chaîne humaine – plus de 1 kilomètre ! – jamais organisée dans une entreprise. Ce magnifique symbole de solidarité, véritable chaîne d'union, fut un moment magique. Nous avions tous des tee-shirts « J'aime ma boîte, j'aime Gifi ». Nous avons fait une fête magique sur la musique de Manolo des Gypsies qui pour l'occasion a composé une chanson « J'aime ma boîte » et un clip toujours visible sur YouTube. En parallèle, tous les responsables de magasin ont invité leurs équipes au restaurant.

Au fil du temps, j'ai travaillé le don d'ubiquité en étant chaque jour à plusieurs endroits – presque en même temps – au point que mes équipes avaient le sentiment que j'étais partout. J'ai toujours cherché à aller vite en tout ; pour moi, la vitesse est un atout sur la vie, face à la concurrence.

C'est pour cela que très vite j'ai choisi la voie des airs pour gagner du temps. Dans un premier temps en hélicoptère avant d'opter pour l'avion ; dans les deux cas, j'ai partagé une tranche de vie avec des personnes merveilleuses, mais qui ne sont malheureusement plus de ce monde. Des passionnés, j'en ai rencontré, ce sont souvent des êtres de lumière, des personnes généreuses aussi.

Parmi elles, je veux en citer deux que j'ai à tout jamais dans le cœur : Jacky et Gregory, père et fils, deux passionnés d'hélicoptère. J'ai fait leur connaissance lorsque nous finissions l'aménagement du chalet de Megève ; il nous fallait des téléviseurs. Je descends dans la station et rentre dans une boutique. Bien évidemment, je négocie un prix de gros sans réussir à obtenir la remise que je souhaitais, mais l'homme, Jacky, me semblait vraiment honnête, un vrai commerçant. Il me propose, au cas où j'en aurais besoin, de me transporter avec son hélicoptère, m'expliquant sa passion qu'il partage avec son fils, Grégory. Huit jours plus tard, on me propose une affaire qu'il fallait absolument voir tout de suite si je ne voulais pas qu'elle me passe sous le nez. Seul hic, elle était à 400 kilomètres de Megève. Je repense tout de suite à la proposition de Jacky. Une heure trente après le décollage on était sur les lieux. La semaine d'après, on partait au fin fond de la Bretagne. Puis j'ai eu l'opportunité d'acheter un hélicoptère en en confiant le manche à Jacky et à Grégory, qui m'ont appris à piloter. Et Grégory, en devenant instructeur, n'avait qu'un souhait : que je sois son premier élève.

Malheureusement, un jour, alors que notre hélicoptère était en révision, ils ont accepté de se faire rapatrier de Megève à Gap par une dame, jeune pilote, qui leur proposa de monter à bord de son avion. Une porte mal fermée et ce fut le crash, ils étaient quatre à bord ; il n'y eut aucun survivant. Depuis, j'ai du mal à remonter dans un hélicoptère, et le souvenir de ces passionnés que furent Jacky et Grégory me suit. Depuis, j'ai toujours eu des difficultés à être piloté par d'autres.

Autres passionnés : Claude et Patricia. De temps en temps, il m'arrivait d'affréter un petit avion, jusqu'au jour où un couple charmant, Claude et Patricia, me proposa de prendre une participation dans le leur, un cinq places, idéal pour me transporter. Comme il n'est pas dans mes habitudes de ne pas manger avec mes équipes, nous faisions table commune et avons sympathisé au point que nous nous sommes associés dans la construction d'un ensemble de bureaux. Un infarctus a malheureusement emporté Claude beaucoup trop tôt alors que nous avions encore tant de voyages à faire ensemble. Patricia, pour sa part, n'ayant jamais voulu repiloter, j'ai confié la gestion de mon avion à une compagnie.

Grégory, Jacky, Claude sont au milieu des nuages, dans les cieux, là où ils se sentaient toujours libres. Moi, je n'ai plus jamais pris de plaisir à voler. Ils me manquent.

Lorsque je n'étais pas dans les airs, j'étais sur la route. Tous les ans, jusqu'à peu, je visitais entre octobre et novembre 50 % de notre parc de magasins, ce qui me permettait de pouvoir rencontrer les équipes et surtout d'envoyer le message le plus important : « Je suis avec vous. » J'emmenais avec moi, dans mon monospace Viano, des membres de la direction, et de 5 heures du matin à 23 heures le soir on traçait la route. Ce marathon annuel, bien qu'éprouvant physiquement, est en soi une vraie preuve de notre solidarité avec les équipes terrain. Il me permettait de mettre l'accent là où il fallait le mettre, mais aussi de partager beaucoup d'idées avec mes managers. C'était une vraie source d'inspiration que nous pilotions avec une grande rigueur grâce aux comptes rendus systématiques que Brigitte faisait de chacune de nos visites en magasin. Nous faisions plaisir aux équipes, nous nous faisions plaisir aussi, tout en permettant à tout le monde de progresser.

Le mois de septembre étant réservé à nos rencontres à Villeneuve-sur-Lot, où avec chaque directeur de magasin nous définissons un par un tous les objectifs en tenant compte des spécificités locales de chaque établissement.

J'attends beaucoup de mes équipes, je me dois donc de montrer l'exemple et en plus ça me fait plaisir... Chez nous, il n'y a pas d'aristocratie des titres, bien au contraire ; celui ou celle qui a un titre est au service du collectif bien plus que l'inverse.

Mon histoire personnelle est une compilation incroyable de belles rencontres, de passions partagées écrites à l'encre de la fidélité et de la confiance. Bien sûr, il y eut, de-ci de-là, parfois des trahisons que j'ai, à titre personnel, pratiquement toutes pardonnées. Adepte d'une loi morale universelle « Ne fais pas à autrui ce que tu n'aimerais pas que l'on te fasse », je me suis toujours efforcé de partager pour créer un esprit d'amour au sein de mes équipes.

Le verbe « aimer » est de loin le plus puissant qui soit. J'aime la vie, j'aime ma femme, j'aime ma famille, j'aime mes équipes, j'aime mes clients...

Voici quatre exemples pour illustrer mon envie de partage et de considération qui amènent forcément les personnes à donner le meilleur pour le collectif.

Le chalet de Megève

En 1997, lorsque j'ai acquis un terrain à Megève à la suite de l'entrée dans notre capital de partenaires financiers, mon objectif avec Jacques Bru, mon ami architecte, fut de bâtir le plus grand chalet de la station, non pas pour flamber et faire le riche, mais bien pour y accueillir mes équipes en séminaires. Imaginer un lieu unique, qui fasse rêver, dédié à notre famille, à la fête, c'était vraiment magique. Jacques a imaginé un cadre incroyable qui, depuis, me permet d'accueillir environ cinq cents collaborateurs tous les ans, majoritairement travaillant dans les magasins, qui sont tous méritants.

Leur récompense, c'est de vivre une semaine inoubliable avec des collègues de toute la France et avec nous. Mon épouse et moi faisons chambre d'hôte quelque part, nous sommes aussi coachs sportifs et animateurs. Dans nos séminaires, tout est « fait maison » et pensé pour bichonner nos équipes. En clair, nous sommes heureux de les accueillir. Chaque séminaire révèle chaque fois la même alchimie : timides aux débuts, les équipes se découvrent très vite grâce au sport (ski l'hiver, VTT/rando l'été), aux grandes tablées et aux soirées où on refait le monde.

Nous parlons travail, clients, bien sûr, mais jamais avec des slides ou enfermés en salle de réunion ; tout est informel et tellement authentique. À la fin de chaque semaine, nous observons le même rituel : je m'adresse à chacun des participants pour lui dire, en toute simplicité, ce que j'ai vécu grâce à lui, ce que j'ai ressenti. Cinq, dix minutes par personne qui se terminent par la remise de son album de photos que nous imprimons avec mon épouse. Cette marque d'attention si personnelle prouve à chacun l'intensité et l'attachement que nous mettons avec Brigitte dans ces séminaires. On ne peut imaginer la charge émotionnelle ressentie à ce moment.

Nous terminons par une fête qui généralement nous amène jusqu'au petit matin. Nous avons toujours avec Brigitte le bonheur de recevoir des cadeaux tous plus gentils les uns que les autres et dans la foulée nous recevons des mails, souvent très intimes qui nous font chaud au cœur. C'est impressionnant la fusion des cœurs, cet attachement collectif à tel point que, le jour du départ, tout le monde est en larmes. Ces moments-là sont la plus belle des récompenses pour chacun de nous.

Nous ne sommes riches que des souvenirs que nous sommes capables de nous créer ; avec nos séminaires à Megève, on se donne tous une incroyable énergie et nos souvenirs nous unissent à jamais. À l'image de notre groupe, toutes les générations se mélangent, nous sommes sous le même toit, une vraie famille. On vit ensemble, on mange ensemble, on fait la fête ensemble et en plus on travaille ensemble !

Le chalet m'a permis aussi, assez tôt, de comprendre que ce que nous vivions était extraordinaire, alors même que pour moi, tout était normal et naturel. Au début, je suis interpellé par un journaliste sur les pistes de Megève, celui-ci voulait filmer le chalet, ayant entendu que c'était un lieu magique. Je refuse, mais ce dernier insiste tellement pour faire ma connaissance que nous déjeunons ensemble. Finalement, j'accepte qu'il filme le chalet, mais à une condition : qu'il parle de Gifi. Mais j'avais oublié une chose, à la veille d'introduire Gifi en Bourse, je n'étais plus maître à bord et mes actionnaires ont refusé une quelconque mise en scène qui pourrait perturber l'introduction.

J'ai dû expliquer au journaliste qu'il pouvait filmer, mais contrairement à ce que j'avais exigé, il ne pouvait pas citer Gifi. En revanche, je pouvais me mettre en avant pour parler aux jeunes, donner envie de croire en leur étoile. C'est ainsi que, quelques semaines plus tard, je me retrouve sur le plateau de « Défense d'entrer » animé par Thomas Hugues. Ils avaient réuni une voiture d'occasion, un veau, un aspirateur et d'emblée face à une comédienne, je devais faire une démonstration de vente d'aspirateur comme vingt ans auparavant. Personne ne m'avait prévenu. Le trac m'a pris, mais, comme par magie, les mots sont revenus naturellement, argument par argument. À ce moment, j'ai pris conscience que ma vie pouvait être filmée, que la force des images se passait de commentaires et pouvait donner envie aux jeunes d'y aller aussi, de croire en eux. Cette émission fut l'une de mes plus belles récompenses.

Ce que je faisais, ce que j'avais bâti pouvait servir d'exemple. « Papa, Maman, je suis devenu un exemple, “le bon à rien” passe à la télé. » Pendant plus d'un an, on m'arrêtait dans la rue, des mamans me remerciaient pour l'exemple que je donnais à leurs enfants. Le public a du cœur lorsque l'histoire est vraie, lorsque l'histoire est belle.

Le mariage d'Alexandre et de Sophie

C'est de loin l'un de mes plus beaux souvenirs en tant que père. En 2008, ma future belle-fille, Sophie, me fait un superbe cadeau en me proposant d'organiser leur mariage avec Alexandre. Elle me propose même d'inviter des personnes de Gifi, puisqu'elle savait qu'en épousant Alexandre, elle qui faisait partie de l'entreprise, elle allait vraiment entrer dans une grande famille. Après m'être assuré qu'elle me donnait carte blanche, j'ai voulu leur faire la plus belle des surprises.

Dans le plus grand des secrets, j'ai organisé un séminaire sous la forme d'une croisière en Méditerranée avec plus de neuf cents personnes de Gifi. L'enjeu était d'affréter deux Boeing, l'un qui partait de Toulouse, l'autre de Paris, avec des collaborateurs et la famille, avec comme défis les faire monter à Venise à bord d'un paquebot sans qu'ils ne se croisent. Pendant six mois, avec Brigitte, nous avons imaginé des scénarios incroyables pour organiser bien plus qu'un mariage, mais inventer une tranche de vie unique. L'idée était de créer une cascade de surprises pour mettre les tourtereaux « en apesanteur ».

Tout a commencé par la mise en œuvre de caméras cachées qui allaient nous servir de rebondissements pour le programme que nous avions imaginé. Le premier à être piégé, c'était mon fils avec l'aide de Philippe Candeloro, le champion de patinage artistique. Ce dernier contacte mon fils en prétextant vouloir acheter une quantité importante de produits pour sa tournée ; rendez-vous est pris dans un restaurant truffé de caméras. Nous y sommes tous les trois avec Brigitte, Alexandre et moi. Philippe Candeloro explique son projet tout en forçant sur le vin, et durant le repas, je m'absente plusieurs fois sous prétexte d'aller aux toilettes. Durant ces intermèdes, Philippe oublie totalement mon fils et entreprend de « draguer » Brigitte, devenue sa complice pour l'occasion. Dès que je reviens, tout rentre dans l'ordre ; chacune de mes absences laissait pantois Alexandre, qui n'en revenait pas. À la fin du repas, je dis à notre ami patineur : « Ma future belle-fille est sportive, je suis sûr qu'elle adorerait apprendre à patiner avec toi.

– Pas de soucis, j'en serais ravi, qu'elle vienne, je la prends en stage… »

En sortant, mon fils me dit : « Mais qu'est-ce qui t'as pris de proposer que Sophie aille chez lui, c'est le plus grand dragueur que je n'ai jamais vu » et gêné, il me raconte, toujours filmé à son insu, le repas.

Seconde caméra cachée : la future mariée.

Officiellement, Sophie n'était pas conviée au séminaire et devait partir chez ses parents en Normandie. Je lui ai expliqué que je souhaitais piéger Alexandre lors de ce séminaire et que j'avais besoin de son aide ; il fallait qu'elle monte à Paris sous prétexte de suivre une formation sans éveiller les soupçons d'Alexandre.

Date est prise et nous voilà à la patinoire de Colombes pour un entraînement avec notre médaillé olympique, vice-champion du monde. Au bout de deux heures, pirouettes et autres figures suggestives en boîte, nous avions le double effet de la caméra cachée.

À ce moment, Sophie, ne savait toujours pas qu'elle allait être invitée au séminaire et était loin de penser qu'elle allait se voir patiner devant neuf cents personnes.

Entre-temps, nous avons tourné, avec mon complice Christian Montabrun, plusieurs caméras cachées, où, grimé d'une fausse barbe, de lunettes, je suis allé piéger des collaborateurs en magasins qui ne le sauront, eux aussi, que des mois plus tard à bord de la croisière. La veille du séminaire, je préviens ma future belle-fille que j'ai réfléchi et que ce serait bien qu'elle y vienne également.

Vous imaginez la surprise des caméras cachées révélées sur scène en présence de Philippe Candeloro…

Et là, j'ai fait la surprise à tout le monde, à commencer par les deux tourtereaux, en annonçant que nous allions tous ensemble fêter leur mariage sur le bateau en présence du maire de Villeneuve-sur-Lot. Après un voyage de noces surprise, la fête s'est poursuivie à Villeneuve-sur-Lot, pour la cérémonie religieuse. L'émotion collective et le bonheur partagé furent tels qu'à jamais ce mariage hors norme est gravé dans le cœur de tous les invités.

De plus, à l'occasion de cette croisière, j'ai permis à tous les salariés de la société, en dehors des dirigeants, de bénéficier d'un vaste plan de stock-options dont le montant reposait sur l'ancienneté. En partageant le bonheur de mon fils et de ma belle-fille, j'ai voulu faire à notre grande famille un cadeau tout aussi inédit en distribuant plus de six millions d'euros de stock-options. Contrairement à la plupart des entreprises qui mettent en place des stock-options en pensant en premier aux cadres et aux dirigeants, nous, nous sommes partis du bas, avec en tête de récompenser la fidélité. Je voulais vraiment partager avec toutes les équipes sans lesquelles je ne suis rien.

J'assume pleinement le côté un peu fou de ce souvenir, tout comme j'assume pleinement l'amour que je porte à mes collaborateurs et à mon fils et à ma belle-fille qui, tout en ayant pris de belles responsabilités dans l'entreprise, a su être le pilier de son foyer en offrant à ses enfants la proximité que je n'ai pas toujours pu offrir à mon fils. Je sais que c'est précieux pour Alexandre.

Les 20 ans de Gifi

En 2001, pour les 20 ans de Gifi, je voulais offrir à mes équipes la plus belle des fêtes, celle qu'ils aimeraient m'offrir. Avec la complicité de mon ami Jean-Pierre Dupin, artiste aux multiples talents, nous avons créé des petits groupes – neuf au total – en veillant bien à les tenir au secret les uns des autres, et avec pour objectif de les coacher pour qu'ils me chantent une chanson. Chaque groupe d'une dizaine de personnes était convaincu d'être le seul, alors que l'objectif réel était de les réunir pour former un chœur géant qui m'accompagnerait sur scène. Pour donner encore plus de professionnalisme à la démarche, Jean-Pierre organisait les répétitions en semaine avant d'enregistrer en studio et pas n'importe lequel, celui de Francis Cabrel, un autre enfant du pays. Pro jusqu'au bout…

Le jour J, j'avais créé un électrochoc en faisant une fausse annonce qui laissa pantoises toutes les équipes : je quittais l'entreprise et présentais la nouvelle présidente, jouée par une actrice. Elle prit la parole et s'exprima comme n'importe quel président en parlant finance, objectif, résultat… Je crois qu'elle terrorisa les équipes qui passaient du leadership du cœur au leadership financier.

Le soir, toutes les équipes étaient réunies pour faire la fête, un peu perdues après l'annonce de mon départ. Les mots de la nouvelle présidente résonnaient encore.

Sur grand écran, on me vit décoller en hélicoptère et, dans un bruit assourdissant, je traversai le toit en rappel pour atterrir sur scène en lançant à l'assemblée : « Vous ne croyez tout de même pas que j'allais vous laisser tomber pour ce spectacle que j'ai imaginé pour vous ! »

En une seconde, les équipes se sont déchaînées. Elles avaient compris le bluff. L'aventure allait continuer tous ensemble. En coulisse, les neuf groupes qui se cachaient les uns des autres eurent la surprise et la joie de me retrouver sur scène pour m'accompagner en chanson. Ce fut notre premier grand spectacle, un show avec une centaine de choristes qui firent chavirer les cœurs et dont nous fûmes avec Brigitte les principaux chanteurs.

La fête dura jusqu'au petit matin.

Les 30 ans de Gifi

Un an avant, je rencontre, contrairement à mes habitudes, un consultant en communication. Contrairement à mes habitudes, car je me suis toujours méfié des beaux parleurs qui vous facturent à prix d'or leur temps. Comme on dit, « ce n'est pas à un Gitan qu'on fait les lignes de la main ».

Mais moi qui ai horreur de faire deux fois la même chose, je cherchais une idée pour fêter les 30 ans de Gifi, sachant que tout le monde s'attendait à une grande fiesta. Il me fallait trouver plus pour étonner. Sur les conseils d'un ami, je me retrouve dans le bureau de ce conseil qui n'avait qu'une heure à nous accorder.

Je lui explique la situation, lui parle de mes équipes, de mon envie de les surprendre… Au bout de quarante-cinq minutes, voyant l'heure tourner, je lui demande s'il a une idée. Et là, tout de go il me dit « oui ! C'est simple, vous me parlez avec amour de vos équipes, vous voulez les remercier pour ces trente belles années et leur exprimer votre gratitude, eh bien, dites leur "MERCI". » Aussi simple que cela. Une idée de génie en cinq lettres : MERCI.

« Merci », le seul vrai pendant du verbe « aimer ». Nous avons acheté toutes les quatrièmes de couverture de la presse régionale et diffusé partout un grand merci composé des prénoms de mes équipes. Cette opération a eu un impact incroyable en interne, mais aussi en externe auprès des clients.

Mais cette idée n'était que le premier étage de la fusée, il avait compris que je voulais un feu d'artifice. Pour la première fois, il me fut demandé de laisser la scène de Gifi à mes équipes en lançant une opération inédite « Gifi a du talent ». « Vous êtes la rock star de Gifi, les stars seront vos équipes pour les 30 ans ». Le pitch était simple là aussi : mettre en avant les vrais talents de Gifi en proposant aux équipes de réaliser des vidéos, en ayant carte blanche sur le fond et la forme, l'idée étant de valoriser nos talents.

Sur la base du volontariat, nous avons reçu plus de 250 vidéos que nous avons visionnées avec le jury que j'avais composé d'André Manoukian, de Philippe Candeloro, de Christian Montabrun, d'Alexandre et de Brigitte. Nous avions soumis aux votes du grand public *via* Internet une sélection d'une trentaine de films. C'était fou comme les équipes lauréates se sont mobilisées pour attirer les votes : certaines faisaient de la distribution de tracts sur les ronds-points, d'autres sur les marchés, dans les magasins… En quatre jours, nous avions eu plus de 100 000 votants.

Une soirée mémorable de remise de prix sur les berges du Lot fut organisée en transformant un gymnase en véritable plateau de télévision animé par Jérôme Anthony. L'introduction fut faite par ma petite-fille Alice, comme son frère dix ans plus tôt. La même émotion m'a submergé lorsque ma princesse a appelé son Papou. Elle a donné d'emblée le ton d'une soirée durant laquelle les talents Gifi furent mis à l'honneur. Une soirée digne du Festival de Cannes, tout y était. Elle était à l'image des trente ans écoulés, pétillante, en couleurs, joyeuse, inoubliable. Et, surtout, les vraies vedettes ont fait le show ! Un acte d'amour à 1 000 personnes.

Surprendre, c'est aussi cela la vraie reconnaissance.

Cette soirée fut aussi pour moi l'occasion de nouer une belle amitié avec Jérôme Anthony, un présentateur que j'avais choisi dans une liste de cinq personnalités que Christian Montabrun m'avait proposée pour animer le show. N'en connaissant aucune, je l'ai choisi pour une raison simple : sur le montage des caméras cachées du mariage de mon fils, il avait fait une bise à ma petite-fille. Sa gentillesse spontanée m'a touché.

Il était arrivé la veille de l'événement, ce qui nous a permis de faire connaissance au point de nous livrer l'un à l'autre comme de vieux amis. C'est à cette occasion qu'il me raconta avoir écrit un livre pour la paix dans le monde destiné en particulier aux enfants. Le personnage m'a captivé. Son objectif était de mettre la Bible en chansons en racontant ses grands récits, le tout sur un livre accompagné d'un CD audio. Après vérification auprès de Christian Montabrun du sérieux du projet, j'ai décidé de l'aider à réaliser son rêve ; c'est ainsi que *Dolly Bibble* fut publié et vendu à plus de 250 000 exemplaires. En prime, nous avons reçu une lettre de félicitations et de bénédiction de la part du pape.

Jérôme est à l'image des personnes que j'apprécie particulièrement qui savent rester simples malgré le succès et qui, surtout, sont reconnaissantes ; quelques années plus tard, dans le cadre d'un projet de DVD sur ma vie orchestré par mon fils, il a tenu à le concevoir sous forme d'une émission dont il était l'animateur. Merci l'artiste !

Dans tous les domaines de la vie, ma grande fierté est de détecter les personnes qui le méritent et qui ont du talent.

Tous ces exemples illustrent bien la nature de notre famille Gifi ; nous vivons ensemble et sommes heureux ainsi. Mais ce qui me réjouit le plus, c'est que cette nature est devenue culture et en ce sens n'est plus réservée à ma seule personne.

Entre 2010 et 2020, je me suis efforcé, en prenant de la distance dans le management opérationnel, de permettre à notre culture de pérenniser, bien au-delà de ma personne, les liens humains qui unissent toutes les équipes. Mon devoir était de ne plus me rendre indispensable pour l'avenir de Gifi.

Je crois y être arrivé grâce aux équipes en place et j'en suis heureux.

Chapitre 5

D'une enseigne à un groupe pour donner de la joie

« Rien au monde ne vaut qu'on se détourne de ce que l'on aime. »

Albert Camus

Ne jamais cesser de créer pour le plaisir d'entreprendre

Mon moteur a toujours été de générer de la richesse humaine. La force et la pérennité de Gifi reposent sur son modèle économique, culturel et managérial. L'organisation de son réseau avec une co-responsabilité partagée avec les mandataires, qui représentent 75 % de nos responsables de magasins aux côtés de nos intégrés, est une force. L'aventure Gifi, c'est vraiment une incroyable histoire avec des milliers d'entrepreneurs qui ont cru en eux et en notre famille.

De Gitan, je suis devenu commerçant ; de commerçant, je suis devenu chef d'entreprise ; de chef d'entreprise, je suis devenu patron ; de patron, je suis devenu investisseur… Près de cinquante ans à créer de la richesse utile au plus grand nombre.

Chacune de mes affaires, de mes participations dans des entreprises suit toujours le même rituel : tout part d'une rencontre humaine. Je sens ou pas la personne. En regardant une personne dans les yeux, en écoutant ses paroles, on peut voir et entendre bien plus que la surface des mots, on peut parfois lire dans son cœur. « On ne voit bien qu'avec le cœur ; l'essentiel est invisible aux yeux », écrivait Antoine de Saint-Exupéry dans son *Petit Prince*.

En affaires, c'est pour moi une vérité.

En 2017, j'ai eu l'opportunité en suivant mon cœur de m'engager dans le sauvetage de Tati qui, pour la troisième fois, était mis en redressement judiciaire. Ce fut un épisode marquant, riche d'enseignements et parfois très dur. Beaucoup se sont demandé à l'époque pourquoi j'allais sur cette opération. Aux yeux de certains, Tati était foutu, il n'y avait plus qu'à liquider une bonne fois pour toutes. Lorsque j'ai étudié le dossier, deux choses m'ont guidé : la première, qui de loin m'a le plus influencé, c'étaient les emplois à sauver ; la seconde, encore plus affective, je me voyais passer devant le magasin de Barbès admirant la réussite de M. Ouaki lorsque je venais faire mes achats à Aubervilliers dans les années 1980. Cette marque qui m'avait inspiré, cette réussite qui a marqué son époque ne pouvaient disparaître.

Je n'ai pas l'âme d'un chevalier blanc ; tout ce que j'ai toujours fait, je l'entreprends dans l'intérêt de mes équipes et de Gifi. Face à moi, j'avais un consortium de plusieurs enseignes dont l'objectif était clair : vendre Tati par appartements pour se partager le parc de magasins. Pour eux, dans une période tendue, c'était l'opportunité de faire un acte de croissance à faible coût, et qu'importe la casse sociale. En me lançant dans la bataille, je protégeais Gifi et j'évitais que Tati soit dépecé. À ma grande surprise, la reprise au tribunal souleva une forte mobilisation des équipes Tati qui ne me connaissaient pas, menées en partie par les syndicats, sur le thème « On veut Gifi », « Laissez-nous partir avec Ginestet » (on retrouve certaines vidéos avec ces slogans sur YouTube). Les équipes Tati s'étaient fait faire des tee-shirts au nom de Gifi en manifestant devant le tribunal le jour de l'audience.

En sortant de ma voiture pour me diriger vers le tribunal, je fus accueilli par des équipes qui voulaient nous rejoindre. Devant autant d'attentes, je ne pouvais pas les décevoir, il fallait que je les sauve. Je suis monté seul au front, j'ai mis mes tripes et mon cœur devant le tribunal pour prouver que nous voulions vraiment sauver Tati et ses emplois. Je m'engageais pendant deux ans à ne pas licencier et à investir plus de 80 millions d'euros. J'ai la faiblesse de croire qu'un homme est toujours précédé de sa réputation et dans mon cas, on sait que je n'ai qu'une parole.

Le 27 juin 2017, je deviens le nouvel actionnaire de Tati, mais le plus dur restait à venir. Le lendemain de la décision du tribunal, je suis parti avec une petite équipe sur les routes visiter les magasins Tati ; en un mois nous les avions tous visités. J'avais besoin d'écouter les équipes, de comprendre la situation sur le terrain et non plus à travers les tableaux des financiers et autres notes d'avocats. Il me fallait comprendre la vraie vie de Tati. Il fallait aussi que les équipes me voient, puissent me parler. Pourquoi en sont-ils arrivés là ? Qu'est-ce qui a amené l'entreprise dans le mur ? En parallèle de mon tour de France, j'ai fait animer plusieurs tables rondes « anonymes et confidentielles » par un cabinet externe pour recueillir l'état d'esprit des troupes, leurs attentes et leurs ambitions. Symboliquement, dans les jours qui ont suivi la décision du tribunal, notre premier engagement fut de redonner la parole aux équipes.

J'ai toujours cru à la vertu de la parole et de la transparence. Échaudés, certains se sont méfiés de nous, d'autres ont, immédiatement, adhéré à notre envie de sauver Tati.

On ne peut pas plaire à tout le monde ; l'essentiel, en revanche, est d'éviter la toxicité des *a priori*. De ce travail sont ressortis des constats clairs sur l'état d'abandon de l'ancien actionnaire, une forte résistance d'anciens las de la situation, un siège totalement cloisonné et des magasins laissés à la dérive ; certains n'avaient ni directeur ni adjoint et reposaient sur la seule bonne volonté d'équipes qui se battaient pour sauver ce qui pouvait l'être, à commencer par leur biftèque de fin de mois.

J'ai créé un commando de choc pour relever tous les défis ; j'ai nommé le numéro 2 du réseau de Gifi, Christophe James, à la tête de Tati, épaulé par deux directeurs délégués de Gifi, Thierry Boukhari, en charge des relations humaines, et François de Castelnau, à l'époque notre directeur délégué aux finances.

L'état des lieux a montré une réalité pire que ce que laissait envisager la lecture comptable, l'entreprise n'était pas malade, elle était quasi en mort clinique :

- sur le plan humain, des équipes à la dérive repliées sur le chacun pour soi ;
- sur le plan informatique et logistique, l'âge de pierre ;
- sur le plan de l'offre, une panne de créativité ;
- sur le plan des magasins, une catastrophe industrielle (pas de métré, pas de merchandising…).

Une équipe de direction a été constituée pour relancer Tati qui, à marche forcée, a tout remis à plat entre septembre 2017 et début 2018. Nous devions faire un miracle. Entre-temps, nous avons dû remettre du rythme, de la vie dans les rouages d'une machine en panne.

Certains ont préféré partir, d'autres se sont donné à fond. Ce que nous avons fait à l'époque, en travaillant quasiment 24 h/24, 7 jours/7 fut colossal et inouï : refonte du concept magasin avec un magasin test dès le début 2018 ; réimpression du catalogue produits distribué dans les boîtes aux lettres dès septembre 2017 pour relancer le trafic ; réorganisation des magasins et du management, plan de communication avec le grand retour de Tati à la télé et à la radio avec une signature devenue très vite populaire, « Chez Tati, t'as tout »…

Il fallait tout changer ; tout a été changé ; nous avons inventé de nouvelles collections, mixé les complémentarités entre Gifi et Tati, recréé du lien social… mais cela n'a malheureusement pas suffi pour faire revenir les clients. Nous avions fait renaître l'enseigne, recréé une dynamique, investi le double de ce que nous nous étions engagés pour au final constater que la marque Tati était devenue, au fil du temps et de ces dérives marketing, « une marque musée ». Pour s'en convaincre, il fallait mener le test ultime : nous avions fait tout ce qui était possible, il restait à challenger l'enseigne elle-même. Des tests furent menés dans certains magasins en descendant l'enseigne Tati et en la remplaçant par Gifi. Même équipe, mêmes produits, tout à l'identique sauf l'enseigne. Le résultat fut imparable : une augmentation immédiate comprise entre + 30 et + 100 % d'augmentation de chiffre d'affaires !

La marque était morte.

Sur le plan marketing, c'est le moment où il ne faut pas se tromper de combat. Il ne faut pas passer à côté du vrai diagnostic pour espérer sauver l'entreprise et les emplois. Trop souvent on confond enseigne et entreprise.

En misant tout sur l'enseigne, on peut finir par tout perdre ! Nous avions investi 150 millions d'euros pour arriver au constat que nous ne pouvions pas relancer l'enseigne.

Pas besoin de consultants en stratégie pour prendre les seules décisions pour sauver l'entreprise Tati : transférer la plupart des magasins sous enseigne Gifi en préservant les emplois, trouver des solutions de reprise pour les magasins qui ne peuvent changer d'enseigne, étant en particulier trop près d'un Gifi, avec la garantie de l'emploi pour les équipes. Nous espérions maintenir toutefois le magasin iconique de Barbès en en faisant l'ultime magasin de la marque, mais la crise du Covid et des pertes importantes ont eu raison de notre volonté. Christophe James et certains managers ont repris d'ailleurs une partie des magasins pour lancer une nouvelle enseigne de déstockage, KLO.

Le trafic en magasin étant la meilleure garantie de l'emploi dans le commerce, nous devions, au nom de l'intérêt des équipes, prendre la seule décision qu'aucun autre actionnaire n'avait su prendre auparavant, penser la raison d'être de l'entreprise pour sauver les emplois. L'entreprise et les emplois sont toujours plus importants qu'une marque ; la responsabilité d'un décideur devrait être de toujours choisir le camp de l'entreprise et des emplois, tant qu'il le peut, bien sûr.

Depuis ce nouveau plan mis en place dès l'été 2019, nous avons réussi à sauver pratiquement tous les emplois, ce qui pour moi était de loin le plus important. Notre équipe RH emmenée par Thierry Boukhari a fait un travail collectif et individualisé remarquable en prenant soin de chacun, en particulier de celles et ceux que nous ne pouvions garder.

L'entreprise Tati existe toujours et exploite des magasins sous enseigne Gifi. Une marque ne doit pas avoir d'arrogance mal placée car elle n'existe qu'à travers deux paramètres humains, ses clients et ses collaborateurs. Et c'est parfois aux actionnaires qu'il revient de prendre la décision de tuer une marque pour sauver une entreprise et ses emplois, alors même que, la plupart du temps, c'est l'inverse qui se produit. On va tout droit au bûcher sans se rendre compte que l'on tient soi-même les allumettes.

Cet épisode Tati qui, au passage, n'a pas impacté Gifi, car tout a été géré et financé par le groupe GPG, restera toutefois pour moi un échec : celui de ne pas avoir réussi à refaire vivre la marque, même si je suis fier d'avoir sauvé la plupart des emplois. J'aurais tant aimé relancer la marque au vichy rose, mais dans le commerce il faut beaucoup d'humilité, car c'est toujours le client qui a le dernier mot.

Mais comme je vois toujours le verre à moitié plein et jamais à moitié vide, je veux retenir de ces années Tati la formidable mobilisation humaine autour de moi. Le sauvetage de Tati était devenu l'affaire de notre grande famille. Malgré le fait que le résultat final ne fut pas celui imaginé au début, il fut bénéfique pour Gifi qui sort renforcé en voyant son parc augmenté des magasins Tati passés sous son pavillon, en particulier en centre-ville.

De plus, tout le monde a pu constater, encore une fois, que nous n'avions qu'une parole et que nous avions tout tenté comme nous l'avions annoncé.

Cette aventure inédite a également permis à une personne pour laquelle j'ai une vraie affection paternelle de prendre son envol de chef d'entreprise, en l'occurrence Christophe James, que j'avais recruté alors qu'il était simple vendeur d'assiettes. Il a gravi les échelons, tenu des magasins avec son épouse pour devenir le directeur adjoint du réseau Gifi. Peu de monde aurait eu le courage de relever le défi Tati ; lui, il lui a dédié une tranche de vie. Aujourd'hui, *via* la reprise de certains magasins Tati, il est à la tête d'une nouvelle enseigne dont le démarrage me rappelle mes premières années Gifi. Il sait à quel point il compte pour moi et qu'il peut compter sur moi comme j'ai toujours compté sur lui.

J'ai aussi découvert un collaborateur qui allait me devenir précieux, Emmanuel Deroude, le dernier dirigeant de Tati, chez qui j'ai identifié une forme de résilience remarquable qu'il pouvait transformer en force. La rencontre avec Emmanuel fut une des belles surprises de cette période.

Là où n'importe quel repreneur se serait séparé du dirigeant précédent, moi, je l'ai pris à mes côtés pour m'aider à comprendre et aider aussi la nouvelle équipe de direction. Aujourd'hui, au-delà de lui avoir tendu la main, je lui ai permis d'exceller dans ce qu'il aime faire, il est devenu mon directeur des diversifications.

Entre 2010 et 2020, j'ai constitué avec GPG un groupe multi-activités auquel il est venu prêter main-forte. Le but initial est de servir les intérêts de nos acquis et en particulier Gifi. Mais très vite aussi j'ai compris que la liberté passait par le foncier. Aujourd'hui, nous sommes l'un des plus importants bailleurs de surfaces commerciales de France en gérant plus de 1,2 million de mètres carrés. Les investissements immobiliers tiennent une part importante de notre stratégie ; ils sont aussi à l'origine d'une formidable amitié qui me lie à Philippe Gaudu depuis plus de vingt ans. Au début de nos opérations, je travaillais avec son patron qui, grâce à Philippe, nous mettait sur de bonnes affaires. Très vite, j'ai compris que nous partagions bien plus que nos initiales, nous aimions le commerce et étions, l'un comme l'autre, de vrais bourreaux de travail !

Un jour il me propose de travailler pour moi et avec moi, au sens associé du terme. Mais comme j'avais rendu un service à son patron, je voulais avant tout que tout se passe sereinement. Nous lui en parlâmes simplement et ainsi Philippe m'a rejoint avec la bénédiction de son patron : « Si Philippe veut partir et que ce soit avec vous, c'est très bien. »

Il ne nous a pas fallu longtemps pour tomber d'accord ; nous croyions l'un en l'autre. Cette réciprocité a scellé un pacte de confiance entre nous, jamais démenti. Il n'y a pas eu de discussion de salaire, juste un accord verbal : « Tu deviens collaborateur de GPG et ta mission est de trouver des opportunités pour Gifi. Lorsque nous trouvons du foncier pour d'autres enseignes, tu es mon associé. » Véritable booster de notre croissance, Philippe a permis de trouver plus de cinq cents magasins pour Gifi et ensemble nous sommes associés avec la plupart des grandes enseignes. Je n'ai jamais vu de professionnel connaissant aussi bien son marché. C'est un véritable GPS qui connaît par cœur le terrain. Il est l'exemple parfait, à mes yeux, de ce que l'on peut bâtir sur la confiance ; cette confiance qui rend « les choses faciles », où les arrière-pensées n'existent pas, où la notion d'associé fait vraiment sens.

Depuis l'épisode de la Bourse, les banques sont devenues encore plus des partenaires privilégiés de GPG. Il est essentiel à mes yeux, si on a l'ambition de bâtir, de le faire avec les meilleurs partenaires. Encore faut-il se comporter en vrai partenaire. Depuis toujours, entre nos banquiers et nous, c'est une relation de confiance et de transparence qui nous unit.

Si vous voulez être suivi dans vos investissements, il est important de faire partager plus que votre projet, il faut partager aussi vos émotions et vos rêves. Deux fois par an, nous avons pris l'habitude de donner rendez-vous à tous nos banquiers pour leur permettre de constater que nous faisons bon usage de leurs prêts. Notre croissance pratiquement ininterrompue est la preuve de notre gestion en bon père de famille. Nous ne sommes pas des spéculateurs, mais des commerçants qui savent compter. Et lorsque le contexte économique vient perturber nos plans, il est important de montrer notre réactivité et notre agilité à ces partenaires qui ont nos lignes de compte en lecture. C'est en confiance que nous pouvons aller loin. J'enfonce une porte ouverte en énonçant ce principe, et pourtant la défiance est malheureusement ce qui régit la plupart des relations de notre époque.

Il peut arriver que nous nous trompions où que des aléas extérieurs viennent bousculer nos prévisions (Gilets jaunes, grèves, coronavirus…) ; à ce moment-là, il ne faut pas s'arcbouter sur des schémas dogmatiques, il faut faire preuve d'agilité et d'initiatives immédiates. En agissant ainsi, on amortit les zones d'incertitude chez nos partenaires, en toute confiance.

Pour savoir tirer des enseignements de ses erreurs le cas échéant, savoir rebondir d'une situation de crise, il faut beaucoup de souplesse et d'intelligence opérationnelle, l'intelligence terrain dotée d'un fort coefficient émotionnel. J'ai la faiblesse de croire que cette intelligence caractérise bien les autodidactes qui, comme moi, sont dans l'action. Je ne coupe jamais les cheveux en quatre, j'écoute, je réfléchis, je confronte et je décide. Si je me trompe, sans hésiter, j'en tire enseignement.

Dans un groupe familial comme le nôtre, notre vision s'inscrit forcément dans la durée et le profond respect de toutes nos parties prenantes, à commencer par nos équipes et nos partenaires. Le temps long est un gage de confiance pour tous. Notre modèle patrimonial en est la meilleure des illustrations puisque, depuis toujours, nous réinvestissons systématiquement les profits dans l'entreprise pour lui assurer sa pérennité et son indépendance. J'aime dire que Gifi est une entreprise 100 % française, avec des actionnaires français qui vivent en France.

C'est comme cela qu'en 2018 j'ai emmené avec moi tout le monde vers un objectif ambitieux : à horizon 2027, avoir un groupe de 1 000 magasins et de 10 000 collaborateurs. Au moment où j'écris ces lignes, Gifi à lui seul devrait rapidement atteindre ces objectifs.

Passionné que je suis de montagne, je sais que les sommets ont ceci de magique : une fois conquis, ils vous lancent le défi du suivant, forcément plus haut, plus beau, plus fort.

Mon analyse, quels que soient les sujets, est toujours celle d'un commerçant, à savoir : faire que l'euro investi vous rapporte, bien sûr, mais aussi crée de la richesse humaine. C'est d'ailleurs pour cela que, pendant très longtemps, je refusais d'acheter des voitures neuves, alors même que j'ai toujours aimé les belles voitures. Au début, avec ma 4L qui m'a permis de me lancer sur les marchés, je faisais toujours un bénéfice en vendant aussi des montres de Besançon, des montres françaises. Lorsque je faisais les marchés dans le Sud, nous nous offrions toujours un bon restaurant, mais les restaurants sur la Croisette étaient déjà chers. Pour rentabiliser le repas, je sortais de ma petite fourgonnette mes tréteaux et vendait après le dîner mes montres.

À cette époque, je me disais qu'un jour j'aurais une belle voiture comme celles que je voyais défiler. Pour nos premières vacances, je me suis acheté une superbe BMW, mais accidentée pour être sûr de pouvoir bien la revendre. Pendant longtemps, j'ai en effet acheté des voitures légèrement accidentées avec un faible kilométrage ; je roulais en Mercedes, en BMW en étant certain de ne jamais perdre d'argent. Dans mes affaires, un euro est un euro.

Mon credo ayant toujours été d'éviter les intermédiaires – c'est vrai, comme pour les voitures neuves qui perdent 30 % au premier tour de clé, pourquoi payer un tiers plus cher des choses que l'on pourrait faire nous-mêmes ? –, mon obsession est de préserver notre indépendance et en particulier celle du navire amiral, Gifi.

Le bouleversement des habitudes de consommation lié au digital nous a imposé, comme à tous les commerçants du monde, de réfléchir, de bouger les modèles, d'inventer de nouveaux canaux… Mais contrairement aux *pure players* du digital qui, eux, ne raisonnent qu'en usages, un vrai commerçant, lui, raisonnera toujours relations. L'équilibre entre relations et usages a guidé ma réflexion pour renforcer le groupe GPG, car j'ai très vite compris que le digital allait transformer non pas les valeurs fondamentales du commerce, mais bien les usages des consommateurs. Être partout et tout le temps impose d'inventer de nouveaux modes relationnels, mais aussi de fidélisation.

Hier, la fidélisation se faisait dans le magasin, par la communication, les prix et bien sûr la qualité des équipes. Aujourd'hui, et encore plus demain, elle se fera par la capacité de l'enseigne à apporter « du bonheur » dans la vie quotidienne de chacun. La préférence va se jouer sur le terrain de l'affect et la vérité humaine de l'enseigne. De plus, la crise du coronavirus, qui a fait vivre à toutes les générations l'expérience du confinement, a renforcé le besoin de lien social. Cette réalité était déjà perceptible *via* le retour aux circuits courts et autres économies locales. En quelques années, je me suis efforcé de constituer un écosystème indépendant, puissant et autonome en investissant dans des start-up et des entreprises qui toutes apportent une valeur ajoutée à notre esprit commerçant et à notre devoir humain.

Mon ambition est de bâtir, *via* GPG, un groupe multicanal capable de créer de la richesse transversale en anticipant le commerce et les usages de demain sur des marchés à fort potentiel. GPG est ma holding patrimoniale qui porte nos actifs historiques et futurs. Elle est aussi mon avenir en tant qu'entrepreneur/investisseur pour les vingt ans à venir… Elle est organisée autour de trois pôles : distribution, immobilier et diversifications stratégiques. Dans chacun de ces pôles, j'ai appris de nouveaux métiers, y compris aubergiste et casinotier. Pour chaque investissement, je veux comprendre les hommes et les métiers, c'est ma manière de m'enrichir.

Avec Gifi, Trafic et Besson, deux enseignes qui ont rejoint notre groupe, nous rassemblons déjà plus de 8 000 collaborateurs sur le pôle Distribution ; pour le pôle Immobilier que nous développons depuis 1993, nous avons plus de 1 200 000 mètres carrés d'actifs à l'heure où j'écris ces lignes.

Pour le pôle Diversifications stratégiques, nous avons les laboratoires Mességué, le Resort le Stelsia 4 étoiles et son restaurant Le Jasmin, étoilé Michelin, nos casinos, l'appli mobile Bravoloto, et ses quatre millions de joueurs, lancée en 2016.

Je suis très fier et toujours ému d'évoquer laboratoires Mességué, cette belle entreprise à laquelle je me sens profondément attaché que j'avais rachetée à un homme hors normes, visionnaire et dont les engagements étaient utiles à tous. Avec les équipes, nous avons doté la vision de Maurice Mességué d'une nouvelle dynamique digne de son engagement pour la nature. La nature a toujours raison au sens propre comme au figuré. Les laboratoires Maurice Mességué sont à mes yeux bien plus qu'une entreprise, ils ont une âme de militants faisant de chacun de nous un dépositaire pour les générations futures de ce que la nature nous apporte. Les huiles essentielles et les tisanes Mességué sont un hommage à la nature.

Fort de ces résultats, j'ai décidé d'accélérer pour faire du groupe GPG un groupe indépendant puissant. Mais une telle ambition ne pouvait se réaliser sans être aidé par une équipe de managers engagés à mes côtés.

Préparer l'avenir pour un homme comme moi qui a toujours joué du don d'ubiquité, c'était aussi accepter de déléguer pour pouvoir mieux nous déployer.

De plus, à l'époque, je ne pouvais imaginer que nous allions encaisser successivement la plus forte crise sociale jamais vue en France avec les Gilets jaunes, le mouvement de grève sur les retraites et la crise sanitaire planétaire du coronavirus... Autant dire que faire des plans stratégiques en ces périodes relevait presque de l'art divinatoire...

Le plus important, durant ces années, pour me permettre de devenir un véritable accompagnateur d'entrepreneurs et faire de GPG un univers dédié à l'esprit d'entreprendre, il fallait consolider la gouvernance de Gifi afin de prendre du recul. Une telle consolidation impose de dépasser ce qui, traditionnellement, pourrit les comités de direction, à savoir les guerres d'ego. Avec mon fils, coactionnaire à mes côtés, j'ai décidé de supprimer tous les titres qui ne font que définir des territoires au profit d'un seul intitulé qui, lui, définit plus une influence utile à tous en nommant tous les membres du comité de direction de Gifi directeurs délégués. Chacun ayant bien sûr en charge un domaine précis, mais tout le monde est de fait sur le même pied d'égalité dans l'intérêt collectif des équipes.

Cette idée iconoclaste de supprimer les barrettes sur les épaules au profit du leadership m'est venue à la suite du pacte du comité de direction que tous les membres ont rédigé et signé, en affirmant la volonté d'être unis et exemplaires.

Une équipe dirigeante engagée, soudée, cohérente est sûrement ce qui est le plus difficile à bâtir. Lorsque j'ai eu la certitude que Gifi pouvait continuer à se développer sans que je sois omniprésent, j'ai pu accélérer la constitution de GPG et me donner à fond dans ma passion d'entreprendre.

Comme le jour où je suis parti en Chine observer et apprendre, je me suis initié à tous les métiers dans lesquels j'ai investi. Il m'est important de comprendre la vraie vie des métiers pour décider. Du virtuel au digital, à l'hôtellerie, aux casinos, c'est en rencontrant des passionnés, des entrepreneurs, parfois très jeunes, des femmes et des hommes de l'art que j'ai appris…

Parmi ces exemples, il y en a un qui me tient à cœur, c'est la rencontre, un jour, d'un jeune homme de 20 ans, Alexandre. Un pur Normand. C'est lui qui m'a permis, en me présentant les bonnes personnes, d'investir dans notre premier casino, à Granville, et par la suite de mener des affaires immobilières. Vingt ans plus tard, j'entretiens toujours avec lui de vrais rapports père-fils, tant nous sommes proches par le cœur. La vie nous a permis de faire connaissance au début de sa vie d'homme ; aujourd'hui, il fait partie des hommes sur lesquels j'aime m'appuyer.

Encore une fois, l'écoute et le respect des sachants sont essentiels pour se forger des convictions avant de décider et d'investir. Pour mener à bien la digitalisation de l'économie, il ne suffit pas de se digitaliser, il faut changer nos logiciels de pensée. À l'image de certains métiers, comme la banque de détail, qui doivent s'habituer aux nouvelles générations qui ne mettront plus un pied dans une agence bancaire, tous les secteurs se pensent et se vivent en ligne désormais. La « culture Tripadvisor » s'est généralisée.

Je me suis convaincu d'une chose essentielle face à ce changement irréversible de paradigme : chercher à transformer de l'intérieur est peine perdue, car même si les bonnes volontés sont là, le poids des habitudes est tel que vous ne pouvez que perdre du temps. La transformation est une question d'agilité. En se heurtant aux principes de fonctionnement, vous devez soulever des montagnes, alors que des schémas externes, eux, vous apportent la magie de la page blanche ; le défi, ensuite, est de les connecter à l'existant.

Nous avons cherché à l'extérieur les compétences et l'agilité nécessaires pour ce virage stratégique. Mon objectif était, et est toujours clairement, de faire de notre groupe un *data center* intelligent, collaboratif, transversal et le plus autonome possible. Digitalisation des échanges et des données, *data*, webmarketing, *drive to store*, influence et e-réputation *via* les réseaux sociaux, Customer Relationship Management (CRM) autant de domaines dans lesquels je voulais que nous soyons excellents.

Contrairement à d'autres, ma vision n'est pas d'opposer des mondes, mais d'inventer les complémentarités naturelles et fluides au nom d'un bon sens commerçant ! Être partout où le client se trouve, lui apporter les meilleurs services aux bons prix reste toujours « le fil à plomb » de ma pensée.

Je n'ai pas la posture d'un business angel, mais bien celle d'un co-entrepreneur. Je m'intéresse autant aux hommes qu'aux business plans que l'on me propose. Depuis quelques années, j'ai le plaisir de m'impliquer dans l'opération Quidam à Agen, qui, chaque année, met en lumière des start-up en quête de conseils et de fonds. Quidam me permet de rencontrer des personnes incroyables qui ont foi en eux. C'est aussi pour moi un formidable vivier de détection de talents pour notre groupe.

Cette période, encore une fois, fut d'une richesse incroyable, car dans tous les métiers dans lesquels nous avons investi, j'ai énormément appris. Si nous avons fait de l'omnicanal notre réalité, c'est grâce à nos différentes acquisitions et participations comme SBSR, dont le cœur de métier est de développer des solutions numériques 360° et digitales et qui a équipé tous nos magasins de bornes qui présentent les nouvelles gammes d'été et d'hiver, optimisant de fait le mètre linéaire de nos surfaces de vente. Demain, nous serons numéro 1 du marché des bornes en magasin !

Autre domaine, l'affichage digital extérieur avec Wancom, qui permet aux marques d'être vivantes, interactives, digitales, lumineuses… En permettant aux marques de s'adapter à tous les aléas du type météo, concurrence et surtout en venant en relais des téléphones mobiles dans le cadre de campagnes ciblées, Wancom a pour vocation de travailler avec toutes les enseignes.

De l'affichage au téléphone mobile, il n'y a qu'un pas que nous avons aussi franchi avec Mobsuccess, une agence spécialisée en communication sur téléphones mobiles. Le potentiel du marketing téléphonique est énorme pour les années à venir. Le smartphone est devenu « notre troisième cerveau » et ces innovations et services sont en partie l'avenir des nouvelles formes de relations clients.

En partageant tous ces projets, nous développons une création de richesse nouvelle. Toutes ces équipes sont nos têtes chercheuses en travaillant les sujets prioritaires de SEO SMO SEA, de e-CRM et en suivi de mesure pour évaluer tous les ROI possibles.

Autre champ d'activités que j'ai découvert : l'édition de jeu en ligne qui permet de faire jouer les clients en créant de nouvelles relations.

Dans ce domaine, nous avons, autour de MarketLuck et de son studio de création de jeux, Gerwin, développé une activité de jeux. Le premier jeu à succès fut Bravoloto, la première appli de loterie gratuite et sans obligation d'achat. MarketLuck est aussi une régie publicitaire qui commercialise des vidéos publicitaires, du téléchargement d'appli, des coupons, etc. Faire jouer les clients gratuitement en leur permettant de gagner des bons d'achat dans plein d'enseignes et des jackpots en cash est inédit, mais surtout montre à quel point les relations changent.

Prendre soin de ses clients passera aussi par le divertissement.

Ma passion d'entreprendre et mon besoin viscéral de protéger notre groupe m'ont initié à toutes ces mutations tout en affûtant mon instinct de commerçant. Pour comprendre le changement du monde, il faut être au cœur du changement.

Pour cela, j'ai misé aussi sur les transformations professionnelles au bureau ; un univers qui renforce indirectement les savoir-faire du groupe en nous plongeant au cœur des mutations managériales et de la gestion des talents : deux points majeurs des performances futures, en particulier face aux nouvelles générations.

Cet univers, c'est celui du coworking ! Nous avons investi dans The Bureau, l'un des pionniers du secteur. À l'heure des startuppers, des slashers, des auto-entrepreneurs et autres free-lances, les perspectives de croissance sont considérables. Lorsque je suis à Paris, je me pose toujours dans les locaux du cours Albert-1er, une véritable ruche où se côtoient avocats, startuppers, consultants et autres. Des looks les plus improbables aux plus raffinés.

Là aussi, j'ai investi dans cette activité pour anticiper le monde du travail de demain. En le vivant de l'intérieur, je peux ainsi en faire un bon usage chez nous. Cet écosystème de jeunes startuppers avec des talents uniques sert, bien sûr, les intérêts de nos enseignes, mais crée aussi de la richesse sur leurs marchés respectifs. Avec ses jeunes, je revis un peu de l'excitation de mes débuts et beaucoup de ma soif de conquête. J'aime l'entreprise, l'art de partir de rien pour créer de la richesse, développer les talents en leur permettant de déployer leurs ailes…

L'une des entreprises que je regarde pousser avec bonheur, c'est VieConnect, une jeune start-up toulousaine qui a inventé un capteur pour « gérer » l'incontinence des personnes âgées en Ehpad. L'humanité des fondateurs et l'énergie de leur équipe qui part à la conquête des Ehpad de France m'ont profondément touché.

Mon envie d'être et ma raison d'être sont bien là. Je suis en vie et le serai toujours davantage en me mettant au centre de la création de valeurs. Pas pour moi, mais pour l'intérêt collectif, comme je l'ai toujours fait.

L'objectif des 10 000 collaborateurs et des 1 000 magasins que je m'étais fixé comme un cap à suivre sera atteint bien avant l'échéance fixée de 2027 ; preuve en est que notre modèle porté par la croissance et l'entrepreneuriat fait sens. Mais sa véritable force se doit de se développer sans moi, car il est important de cesser d'être référent pour devenir symbole ; là encore, sans arrogance aucune et avec beaucoup d'humilité au sens de la transmission. Ce que j'ai bâti est avant tout une philosophie, une manière d'être et de vivre avec et pour les autres. Cette philosophie ne suit aucune mode en matière de management. Certains commentateurs sont tentés de dire que ce n'est pas une philosophie mais un style personnel. Ceux-là me confondent avec un gourou autocentré ; l'inverse de tout ce que je suis.

Pour moi, entreprendre, c'est vivre. Mais il faut prendre le mot « entreprendre » dans sa globalité et non uniquement par le prisme de la création d'entreprises. Entreprendre sa vie est de loin le plus important chantier à la portée de chacun et si rarement entrepris. Je veux dédier le reste de ma vie à cette ambition en aidant celles et ceux qui le souhaitent à devenir les vrais entrepreneurs de leur vie. Il ne s'agit pas de me poser en modèle, ce qui serait pathétique, mais de partager quelque peu mon voyage d'humain en toute modestie.

Ma victoire sur le cancer m'y oblige, je m'y soumets avec bonheur.

Chapitre 6

La distribution a du cœur : aimer, travailler, partager

« Seul l'amour peut garder quelqu'un vivant. »

Oscar Wilde

Les théories RH, dès lors qu'elles deviennent des modèles et standards, tuent l'essence même de la relation

Entre 2017 et 2020, j'ai reçu les plus belles récompenses qui me soient données : Autodidacte de la nation à l'Assemblée nationale aux « Victoires des Autodidactes » en 2017, personnalité de l'année de la distribution en 2018, prix du Leadership en 2019.

Moi qui n'ai jamais reçu un seul diplôme de l'école de la République, ce fut un honneur de recevoir ces distinctions que je m'empressais de dédier, chaque fois, à mes équipes qui les méritent autant que moi. Mais une fois passées l'euphorie du moment et, je l'assume, la flatterie de l'ego, je me suis interrogé sur le sens de ces récompenses. Comme je l'ai écrit plus haut, si Gifi est aujourd'hui un modèle, c'est que, forcément, nous avons quelque chose que les autres n'ont pas ou n'ont plus.

Lorsque j'ai succédé à Didier Deschamps, sélectionneur de l'équipe de France de football, au palmarès du prix du Leadership décerné par Le Cercle du Leadership et qui a honoré des personnalités comme Jean-Dominique Senard, PDG du groupe Renault, Jacques Aschenbroich, PDG de Valéo, Véronique Morali, PDG de Webedia, Georges Plassat, ex-PDG de Carrefour…, je me suis demandé naturellement en quoi j'étais un leader. Et, surtout, le suis-je vraiment ?

Bien sûr, il ne m'appartient pas de répondre à cette question, mais je peux m'interroger sur le sens de ces reconnaissances. Je n'ai jamais fréquenté les salons parisiens ni fait un quelconque lobbying face à l'*establishment*. Que les membres du Cercle du Leadership désignent un patron du Lot-et-Garonne, ça questionne forcément. Le 3 décembre 2019, jour de la remise des prix dans la prestigieuse école de management ESCP, j'étais évidemment impressionné et ému. Pour être honnête, j'avais même un peu peur au point que pour honorer l'assemblée de leaders présents, j'ai, moi qui ai le verbe facile, préféré ne rien laisser au hasard en écrivant un discours pour la soirée.

Pour moi, ce prix était celui de ma vie, au sens où j'ai en effet tout donné à mes équipes.

Le voici :

Bonsoir à toutes et à tous,

Avant toute chose je tiens à vous remercier du fond du cœur. Vous ne pouvez imaginer combien ce prix me touche.

Lorsque j'ai appris que j'étais nominé au prix du Leadership aux côtés de personnalités aussi remarquables qui, toutes méritent ce prix, je me suis demandé, pourquoi moi ?

Moi, le fils de maquignon, qui a obtenu tous les diplômes à l'école de la vie et qui n'a jamais cherché à briller, suis-je un leader ?

Et puis, j'ai tout de suite pensé à mes équipes, de ma première collaboratrice toujours présente dans l'entreprise aux bientôt 10 000 collaborateurs que réunit notre groupe. J'ai pensé à eux, car si vous, vous estimez aujourd'hui que j'ai un leadership reconnu, c'est bien sûr grâce à elles.

En quarante ans, j'ai bâti un groupe, le groupe GPG, qui, au-delà de nos enseignes Gifi, Besson, Tati, réunit plus d'une trentaine de sociétés allant du digital au divertissement. Le point commun à toutes nos entreprises se résume en un mot, le plaisir, et plus précisément le plaisir de faire plaisir.

Le seul leadership que j'oserais me reconnaître, si vous me le permettez, c'est bien celui du cœur.

Je sais, ça fait très paternaliste de dire cela, mais j'aime profondément mes équipes. Et vous le savez tous, en amour il n'y a pas que les beaux discours, il y a surtout des preuves. Les preuves en ce qui me concerne, c'est assez simple, j'ai dédié ma vie à mes équipes. J'ai bien sûr la chance d'avoir une épouse qui partage la même passion, ce qui, bien sûr, est plus facile à vivre.

J'aime détecter les potentiels.

J'aime faire grandir les plus humbles.

J'aime révéler l'audace et j'assume parfaitement le fait que nous formions une grande famille.

Ce leadership du cœur impose une règle chez nous : tout le monde mérite la même considération. Que tu sois autodidacte ou surdiplômé, que tu sois débutant ou super expérimenté, dès lors que tu portes notre maillot, tu es quelqu'un d'important.

Nous ne sommes pas un groupe qui se plie facilement aux modes du management qui, souvent, changent tous les quatre matins ! Non, nous croyons depuis le départ en l'Humain avec un grand H. D'ailleurs, chez nous, il n'y a pas de direction des ressources humaines, mais bien des relations humaines.

En clair, il n'y a rien de plus important chez nous que l'humain, qu'il soit client, collaborateur, candidat…

Et pour ne pas faire trop long, mon expérience m'a appris deux-trois choses importantes que je me permets de vous faire partager.

Premièrement, le leadership, on l'apprend en se donnant aux autres : aucun titre, aucun diplôme ne fera de vous un leader naturel, c'est en apprenant des autres que l'on se révèle. Chaque rencontre est une opportunité pour apprendre, pour progresser, pour s'améliorer. Je peux vous assurer que toutes mes entreprises ont toujours commencé par une rencontre. Le vrai leader va vers les autres, il donne du sens à la vie.

Deuxièmement, tout le monde mérite le plus grand respect et le premier devoir d'un leader est de créer toutes les conditions pour permettre à chacun de donner le meilleur de lui-même.

La transmission et l'exemplarité sont essentielles à mes yeux dans le leadership. Savoir détecter les talents, les personnes plus intelligentes que vous, c'est essentiel. La vraie richesse d'un talent est rarement dans l'accumulation de compétences, mais bien dans l'intelligence du cœur dont il est capable. Les entreprises souffrent de cultiver des talents individualistes qui souvent ne sont que de passage alors même que l'enjeu est de bâtir un vrai projet de vie. Chez nous, par exemple, le recrutement est vraiment culturel, car nous investissons durablement dans nos équipes.

Troisièmement : un vrai leader est naturellement humble, car il sait d'où il vient et sait aussi ce qu'il doit aux autres.

Je n'ai jamais voulu quitter le Lot-et-Garonne, alors qu'on m'a souvent conseillé de mettre mon siège à Paris. Je ne l'ai jamais fait, car, très tôt, j'ai eu l'intuition que mes racines seraient pour toujours l'épicentre de ma vie. Et puis lorsque l'on a la chance d'être né dans la plus belle région de France, il faudrait être fou de monter à Paris.

Don de soi aux autres, considération et humilité, c'est finalement une jolie feuille de route pour parler de leadership.

En France en particulier, il y a urgence à reconnecter les citoyens aux entreprises ; nous devons sortir de tous les amalgames pour valoriser les entreprises qui s'engagent vraiment pour leurs équipes. L'entreprise est un lieu d'intégration et de mixité sociale formidable ; un lieu laïc dédié à la réussite de chacun, à l'intergénérationnel aussi, un lieu de respect.

Je sais que le monde n'est pas aussi idéal, bien sûr, mais je sais aussi que de telles entreprises, il y en a des milliers en France et que les chefs d'entreprise doivent prendre leur responsabilité sociétale, en particulier vis-à-vis des jeunes. Nous devons créer un vrai pacte de confiance avec la jeunesse qui mérite le meilleur pour l'avenir. Nous devons lui donner le goût de l'engagement et l'envie d'y croire.

Vous avez, ici, récompensé Jean-Dominique Senard, à l'époque président de Michelin, qui milite pour que chaque entreprise ait une RAISON D'ÊTRE ; je le rejoins totalement. La réussite d'une entreprise, d'un leader se doit d'être équilibrée sur les plans économiques, humains et sociétaux.

La force des entreprises familiales est d'œuvrer sur le long terme, de réinvestir sans cesse pour progresser et se développer. La réussite est rarement sur le court terme, c'est d'ailleurs ce que j'explique aux jeunes patrons de start-up auxquels je m'associe. Donner du sens au temps est aussi un acte de leadership, je pense.

Merci encore une fois du fond du cœur pour ce prix que je dédie, vous l'aurez compris, à mes équipes.

Merci à vous.

Dans la foulée, *Le Figaro* titrait « Je suis amoureux de mes équipes ». Tout est dit. Depuis, j'ai réfléchi à ce qui m'a permis de structurer ce modèle de leadership. Et je reviens toujours au verbe « aimer ». Pour moi, le travail, c'est la vie au sens de vivre pleinement ; vivre avec les autres, vivre pour les siens, vivre pour soi aussi.

Dès le début, ce principe de vie, je l'ai appliqué. Mes équipes faisaient partie pleinement de ma vie ; comme j'ai toujours aimé faire la fête, pour moi, je ne me posais pas de question, c'était normal de faire la fête avec mes équipes. Sur les marchés, on avait le casse-croûte, l'apéro… Chez « Gifi le vrai soldeur » des débuts, c'était la même chose, et plus tard, l'art de faire la fête ensemble est devenu une marque de fabrique. Aujourd'hui, c'est drôle, on semble, avec la notion de start-up, redécouvrir des vertus à l'entreprise ; mais toute création d'entreprise est forcément une start-up, quelle que soit son activité.

Au début des années 1980, nous étions nous aussi une vraie start-up avant l'heure, nous bossions comme des fous et nous adorions cela. On ne se posait pas de questions : faire du chiffre, surprendre nos clients, prendre du plaisir et en donner. Certes nous n'avions pas de Fatboy ni de flipper, mais l'esprit était le même, celui d'une équipe soudée.

Je me souviens du jour de l'An 1986 à La Mongie, j'avais emmené toute l'équipe, nous avions loué des chambres, mis par terre des matelas et fait une fête incroyable. Nous étions ensemble et il n'y avait que cela qui comptait. Par la suite, nous avons pérennisé les opportunités de faire la fête tous ensemble. Les entreprises ont tendance à parler en permanence du « vivre ensemble » sans jamais permettre aux gens de vivre *pleinement* ensemble. Tout est superficiel et rien ne relie les gens entre eux à l'exception de communication artificielle. Le pire, c'est que, la plupart du temps, les financiers ont la coupe facile sur les postes liés aux distractions et à l'animation, partant du fait que c'est superflu, alors même que c'est ce qui est le plus important.

Le plus caricatural fut, dans la foulée de la crise de 2008, la suppression un peu partout des pots d'entreprise, en s'appuyant aussi sur la législation sur la consommation d'alcool. Mais on peut faire la fête en étant ensemble sans forcément consommer de l'alcool.

Lorsqu'il y a crise économique, c'est le moment pour être proche des équipes, les soutenir, leur dire qu'on les aime. Chez Gifi, le « vivre ensemble » n'a jamais été cyclique, bien au contraire. Au fur et à mesure que nous grandissions, j'inventais des moments magiques pour les équipes. Comme je l'ai évoqué plus haut, séminaires de motivation, soirées et autres opportunités, tout est bon pour être vraiment ensemble. Je n'ai jamais rien imposé sur le sujet et ai toujours respecté celles et ceux qui ne souhaitaient pas se joindre à ces moments de partage. Mais j'ai toujours constaté, dans le cadre de nouveaux arrivants, qu'il s'agissait toujours d'une pudeur face à un mode de vie qu'ils n'ont jamais connu avant. Très vite la majeure partie se joint à l'élan collectif et finit par faire corps avec cet esprit de famille. D'autres, une minorité, nous quittent, car pour eux des collègues doivent rester des collègues, encadrés dans des cases horaires et pas plus. Encore une fois je respecte, tout en rappelant à mes services de recrutement de toujours mettre en avant notre manière de vivre ensemble pour éviter les incompréhensions.

Pour moi, toutes les occasions sont bonnes pour faire du bien autour de soi, sans exception. Chaque fois que j'envisage un événement, une soirée, un séminaire, je pense à tous sans exception. J'ai horreur de ces entreprises qui n'en ont que pour leurs cadres, qui font de la sélection par le haut en termes de motivation.

À l'exemple de la distribution de plus de 6 millions d'euros de stock-options en 2009, dont j'ai déjà parlé, qui a été déployée par le bas et mise en place comme une vraie marque de considération et de fidélisation. Dans une organisation, lorsqu'une distinction est faite entre les humains sous prétexte de statuts, de formation ou autre, c'est tout l'édifice que l'on fragilise. La plupart du temps, on bichonne par le haut alors même que c'est la base qui doit l'être.

Les plus humbles sont l'armée silencieuse qui chaque jour assure la performance. On l'a bien vu lors de la crise du Covid-19 où les Français ont semblé redécouvrir l'engagement des infirmières, des caissières, des chauffeurs routiers, des éboueurs, des livreurs… Pendant trop longtemps, la société a méprisé les « salariés invisibles », la horde des humbles, alors même que ce sont les plus importants.

En développant mon groupe, je n'ai jamais dérogé au principe d'égalité et de considération entre les équipes. Nous aimons le sport et les challenges depuis toujours, mais, au-delà, le plus important, que l'on soit sur un terrain, derrière une table de jeu, l'essentiel, pour moi, est d'oublier les fonctions pour mettre tout le monde à égalité de chances. Cet état d'esprit, au début des années 2010, nous lui avons donné un nom qui illustre parfaitement ce que nous sommes : « La distribution a du cœur ». Souvent, la distribution souffre d'une mauvaise image relative aux conditions de travail – il faut dire que dans certains cas, c'est un peu limite. En « grossissant », il m'était important de formaliser ce que nous étions vraiment, d'autant que l'on m'avait fait prendre conscience de montrer en externe ce que nous étions vraiment en interne.

Pour moi, ce que nous vivions n'avait rien d'exceptionnel puisque c'était notre mode de vie. Il n'y avait rien de stratégique et encore moins de vision, nous étions humains tout simplement, pas de quoi en faire un pataquès.

« Ce que vous vivez est exceptionnel aujourd'hui dans le monde des entreprises ; les jeunes ne croient plus dans les discours des entreprises ; vous pouvez donner de l'espoir et l'envie d'y croire, ne soyez pas égoïstes, partagez ce que vous êtes vraiment. » La personne qui me dit cela en 2010 fit mouche en me sensibilisant à ce qui allait devenir une vraie conscience, notre devoir sociétal. « La distribution a du cœur » est née de cette prise de conscience et en quelques années nous avons placé nos réflexions sous cet angle et tenté de faire de notre mode de vie un art de vivre.

Je crois beaucoup en effet, lorsque l'on parle de vivre ensemble, à l'importance de parler d'art de vivre… ensemble. Un art de vivre se codifie, se gère, se nourrit, s'exprime. Et lorsque, dans notre cas, il se fonde sur le verbe « aimer », il est important de structurer les droits et devoirs qui incombent à chacun.

Derrière la notion de distribution qui a du cœur, l'idée fut de dimensionner une seule et unique posture vis-à-vis de l'ensemble de nos parties prenantes, clients, collaborateurs, candidats... L'Humain avec un grand H plutôt que de faire comme tout le monde en fragmentant les publics. D'ailleurs, chez nous, il n'y a pas de direction des ressources humaines, mais bien une direction des relations humaines. Nos ressources, nous les achetons chez nos fournisseurs ; nos relations, nous les vivons au quotidien. C'est fou comme derrière un « R » on peut changer d'air ! Les Humains sont une Richesse et non une Ressource !

À partir de cette prise de conscience, cet effet miroir, j'ai voulu, avec mes équipes, mettre en place des actions dont le seul objectif était la transparence totale. De cette notion de cœur, nous avons accéléré la digitalisation de notre relation client en maintenant un principe de grande proximité.

Pour exemple, nous avons lancé, en 2015, notre carte VIP, qui permet à nos clients de bénéficier de très nombreux avantages sous la forme de bons d'achat, de remises, d'informations... En parallèle, nous voulions être dans la preuve de la relation au quotidien, nous avons inventé « la machine à bisous ». L'idée était simple : proposer en temps réel, à chaque passage en caisse, à nos clients d'évaluer leur expérience magasin. Chaque client VIP reçoit sur son smartphone une alerte qui lui propose de nous évaluer : il est content, il nous envoie des bisous ; il n'est pas content, il le fait savoir, et dans les 24 heures il reçoit un appel du directeur de magasin lui-même et non d'un service client externalisé je ne sais où. Charge au directeur de voir ce qui justifie son insatisfaction et, surtout, de voir comment il peut réparer la situation. Notre « machine à bisous » est la preuve que nous attachons la plus haute importance à la satisfaction de chacun de nos clients.

De plus, l'analyse des informations échangées avec nos clients nous permet de progresser d'année en année. Nous en sommes d'ailleurs récompensés, car Gifi est l'enseigne préférée des consommateurs, selon le baromètre de *Capital.*

Mais l'impact de « la distribution qui a du cœur » nous a amenés à aller encore plus loin. Lorsque j'ai racheté la start-up MarketLuck, nous avons lancé deux événements distincts : un tournoi de poker en interne et Bravoloto. Je voulais aller encore plus loin pour prouver à nos clients que nous les aimions vraiment et pas uniquement lorsqu'ils viennent remplir leurs Caddies chez nous.

Bravoloto est la première loterie en ligne 100 % gratuite et sans aucune obligation d'achat. En clair, tout joueur peut gagner des bons d'achat de plein d'enseignes et pas uniquement de Gifi et des jackpots en cash. Le modèle de Bravoloto reposant sur la vente de publicités sur téléphone. Bravoloto, depuis son lancement, connaît un succès formidable ; avec plus d'un million de joueurs par jour, nous avons fait gagner des milliers de bons d'achat, En janvier 2020, une jeune femme de 23 ans a gagné un demi-million d'euros en cash sachant que l'on peut gagner jusqu'à un million. Pour moi, Bravoloto est une magnifique expression de « la distribution qui a du cœur » : non seulement les clients n'ont aucune obligation d'achat chez nous, mais nous leur permettons de bénéficier d'autres enseignes ; de surcroît, ils peuvent gagner des gros lots en cash ! Ludique, l'appli permet de rappeler aux consommateurs que l'on peut se faire plaisir tout en jouant, une vraie philosophie de vie.

En parallèle de Bravoloto, j'avais, à la demande de la région du Lot-et-Garonne, accepté de reprendre un vieux château qui était à l'abandon, le château Lalande à Saint-Sylvestre-sur-Lot et qui est venu rejoindre notre groupe GPG. J'ai eu carte blanche pour le faire revivre. Mon idée était d'en faire un lieu exceptionnel qui puisse apporter du bonheur à toute la région. Après plus de deux ans de travaux menés de main de maître par mon ami Jacques Bru, nous avons créé le Château Le Stelsia, un endroit unique, de toutes les couleurs, composé d'un hôtel 4 étoiles, d'un restaurant gastronomique, Le Jasmin, qui, dès sa première année, a décroché son étoile Michelin, et d'un bistro – le tout agrémenté d'un parc extraordinaire et du plus grand minigolf d'Europe.

En peu de temps, Le Stelsia est devenu la destination incontournable du Sud-Ouest. Il fut référencé parmi les plus beaux hôtels du monde, mais comme toujours, je suis fier d'en avoir fait un lieu incontournable de la vie des habitants de la région. Nous avons laissé un libre accès au parc à la population et créé des événements ouverts à tous, comme des chasses aux œufs de Pâques géantes, l'arrivée du Père Noël en parachute, une fan zone pour les matchs de foot de l'équipe de France et même une étape de « Danse avec les stars »…

Mais ce château devait aussi profiter à mes collaborateurs. Je cherchais une idée qui allait surprendre encore une fois mes équipes tout en bénéficiant du cadre merveilleux du Stelsia, devenu entre-temps le lieu de nos rencontres annuelles avec tous nos magasins. Avec MarketLuck, nous avons mis en place le Gifi Poker Plaisir, le premier tournoi de poker virtuel 100 % dédié aux équipes. Là encore, pas besoin d'être une star du poker : l'idée est de jouer avec ses collègues, de passer de bons moments. Bien sûr, aucun argent n'est en jeu.

Nous avons organisé des parties jusqu'à mille joueurs en ligne. Pendant plusieurs semaines, nous avons mis en place des phases de sélection. L'objectif : être qualifié pour la finale au château Le Stelsia transformé pour l'occasion en Vegas-sur-Lot ! Dès la première année, nous avons atteint plus de deux mille joueurs, et d'année en année le tournoi a pris une place réelle dans notre « vivre ensemble ». Le gagnant a la possibilité de gagner soit un voyage à Las Vegas, soit au Maroc. Mais comme pour nous rien ne se fait comme ailleurs, nous avons qualifié pour les voyages chaque fois plus de 80 personnes. Là aussi, ouvert à tous, ce tournoi nous a permis d'emmener des collaborateurs de tous les services et de tous les âges pour vivre une semaine de rêve dans des destinations de rêve.

Imaginez le jeune magasinier qui est arrivé en finale, qui s'envole une semaine à Vegas, ce n'est pas de la démagogie, c'est au contraire la plus belle des récompenses, pour lui comme pour moi. Imaginez une partie où je joue avec des collaborateurs qui n'ont qu'un objectif : m'éliminer…

J'ai eu la chance de gagner une fois le tournoi, après une partie de plus de vingt-trois heures. L'adrénaline ressentie n'était pas celle du patron, mais tout simplement celle d'un joueur qui était passé par toutes les étapes et qui est arrivé au carré final. En clair, un joueur comme les autres.

Le plus beau des souvenirs de ce tournoi restera à jamais le voyage organisé en 2016 à Las Vegas où, avec 86 personnes, nous avons vécu une semaine inoubliable dont le point d'orgue fut le mariage de plusieurs collaborateurs et du nôtre, ayant fait la surprise à Brigitte de lui demander de m'épouser sur place. Elle ne s'attendait pas à me voir me déclarer ainsi alors même que des collaborateurs profitaient du voyage pour se dire oui. Je crois qu'elle s'était résignée par amour. Ma demande et son « oui » n'en furent que plus beaux.

En amour aussi, il faut surprendre.

Le 5 mai 2016 fut un cadeau du ciel. Bien sûr, revenus en France, nous avons officialisé notre mariage à la mairie avec nos quatre témoins…

« La distribution qui a du cœur » a vraiment un gros cœur !

Devenue notre colonne vertébrale, cette idée a guidé nos réflexions, nos actions pour progressivement devenir un employeur de premier choix dans la distribution. De reportages en interviews, nous avons fini par prouver que ce que nous vivions n'avait vraiment qu'un objectif : le plaisir de faire plaisir.

Et surtout que ce n'était pas de la com' fumeuse, mais bien notre vie.

Je crois aussi que « la distribution a du cœur » a sauvé Gifi après la crise sanitaire du Covid-19. Après les Gilets jaunes, les grèves pour les retraites, autant dire que, pour certaines enseignes, cette crise sanitaire était potentiellement le coup de grâce. Après deux mois de fermeture forcée, 6 000 collaborateurs au niveau de Gifi à l'arrêt, des stocks et des pertes considérables, mon seul objectif était de sauver mes équipes. Dans un tel moment, où vous êtes au bord du gouffre, soit vous ne pensez qu'à vous, à vos intérêts et à votre argent, et en ce qui me concerne cela signifierait renier toute ma vie, soit au contraire vous cherchez l'idée salvatrice, celle qui va relancer la machine, sauver les emplois, faire revenir le plus vite possible les clients ; la vraie idée de génie.

Elle est venue de « la distribution qui a du cœur ».

Je l'ai fait germer durant les deux mois de confinement qui m'ont aussi servi de convalescence à la suite de ma maladie. J'avais quatre objectifs très clairs en tête.

Le premier objectif, dès le premier jour, fut de sauver notre entreprise et ses emplois : aussi important qu'est Gifi, ces deux mois furent synonymes de pertes très importantes. Pour faire face, il a fallu discuter avec les banques, qui, fort heureusement, font confiance à notre entreprise. Elles ont accepté de nous aider. Mais il a fallu aussi beaucoup de clairvoyance pour anticiper l'avenir.

Le deuxième objectif fut plus compliqué : faire en sorte que nos assureurs respectent leurs contrats dans lesquels nous avions eu la bonne idée, quelques années auparavant, d'inclure la clause « pandémie ». De ce côté-là, la bataille fut âpre.

Le troisième objectif fut, malgré l'éloignement, d'écouter les équipes et d'être avec elles dans cette épreuve. Toute ma vie, moi qui estime ne pas savoir grand-chose, je me suis appliqué une règle : écouter. Écouter tout le monde pour pouvoir prendre du recul, pour pouvoir me forger des convictions, trancher, décider. L'écoute est aussi une marque de respect et de considération des autres ; il ne faut jamais l'oublier, surtout dans une situation où on est forcé de laisser presque tout le monde à la maison.

Loin des yeux mais proches par le cœur. Le temps suspendu du confinement fut une prise de recul utile. Ainsi, j'ai organisé avec nos équipes des interviews, des tables rondes digitales et Brigitte, notre directrice de la culture, a contacté la majorité de nos responsables de magasin pour les soutenir. De ces marques de soutien apportées à nos équipes à distance, j'en tirai aussi des idées pour l'avenir. Une entreprise qui écoute ses équipes est une entreprise vivante, une entreprise qui respecte les différences de points de vue pour bâtir ensemble, surtout lorsqu'elle affronte une crise inédite ! Lorsqu'un tsunami comme celui-ci s'abat sur vous, le rôle du commandant est d'être à la barre, avec ses équipes.

Enfin, le quatrième objectif de cette période de confinement est de loin le plus ambitieux pour moi : faire de cette crise une opportunité pour Gifi. En chinois, le mot « crise » est composé de deux caractères, l'un signifiant « danger », l'autre « opportunité ». L'enjeu pour nous n'était clairement pas de continuer comme avant, mais bien de trouver les moyens de faire de cette crise une opportunité formidable pour Gifi. Une opportunité pour revenir à nos fondamentaux. Une opportunité pour renforcer notre leadership. Une opportunité pour recréer de l'enthousiasme au sein de toutes les équipes. Une opportunité de rebond pour écouler le plus vite possible nos stocks.

Et c'est là que l'idée arrive ; une vraie « idée de génie » comme on les aime chez Gifi : simple, directe, fidèle à nos racines.

Nos stocks représentaient plus de 100 000 mètres carrés de surface de stockage, plutôt que de payer de nouveaux entrepôts dont le coût allait s'ajouter à l'addition du manque à gagner, j'ai préféré en faire profiter nos clients en osant faire appel à leur solidarité. J'ai lancé un vrai appel à la solidarité de nos clients qui, je le sais, aiment Gifi, pour qu'ils nous aident à sortir de cette situation. Je leur ai offert – 50 % sur tout le magasin en bons d'achat utilisables le mois suivant. Du jamais vu.

L'idée était d'arriver sereins à l'été 2020 pour préparer une belle rentrée. Plus que jamais « la distribution qui a du cœur » faisait sens.

J'ai contacté personnellement nos clients, je les ai remerciés de leur fidélité. J'ai aussi joué la carte de la transparence totale avec les médias qui ont reçu 5/5 nos messages. En dix jours, nous avons fait l'actualité de la reprise économique avec quatre journaux télévisés de TF1 et de France 2, repris sur France 3, des émissions sur BFM et près d'une trentaine d'articles. On ne parlait que de Gifi. Qu'un commerçant ose s'adresser à ses clients devenait un sujet, alors que pour moi qui ai bâti Gifi, c'était normal, j'avais besoin d'eux. Nous avons vécu une période historique avec cette opération – 50 % de par l'incroyable énergie humaine que nous avons suscitée. Toutes nos équipes, en magasin, à la centrale, nos responsables de secteur, avaient retrouvé l'audace du commerçant. Non seulement les clients ont répondu massivement, mais nous ont soutenus comme jamais sur les réseaux sociaux.

Mais si cette opération a autant marché, c'est que tout a été pensé pour que ce soit le cas : le concept, simple, efficace, commerçant, « on a besoin de vous pour continuer » ; on a assumé le fait d'avoir besoin de nos clients. L'objectif était d'étonner, de frapper fort avant tout le monde, d'être transparent dans la démarche aussi. C'était important en externe vis-à-vis de nos clients, mais c'était aussi important en interne. Je sentais bien que l'anxiété s'emparait de nos équipes, de nos managers et même de notre comité de direction. Certains de mes managers étaient pollués par la morbidité des chaînes d'information et craignaient que mon idée ne se retourne contre nous en devenant l'enseigne qui crée des mouvements de foule lors du déconfinement.

C'était sans penser à l'intelligence des clients et de nos équipes.

J'ai osé prendre cette décision car je savais qu'en parlant à cœur ouvert nous allions être crédibles. À l'époque, et sans aucun jugement de valeur de ma part, j'étais triste de voir toutes ces entreprises qui annonçaient des plans sociaux alors même que, nous qui étions dans une situation de crise extrême, venions de réussir à nous en sortir sans casse sociale.

« La distribution a du cœur » m'a servi de boussole pour décider.

Aujourd'hui, trop de décisions sont prises à l'aune des tableaux financiers, alors qu'il existe forcément d'autres solutions dans l'intérêt des équipes et des clients. Pour faire des économies, on licencie beaucoup trop rapidement. Pour cela, il faut écouter et oser, sortir de la pensée unique financière.

Comme le disait Henry Ford, « les deux choses les plus importantes n'apparaissent pas dans le bilan des entreprises : sa réputation et ses hommes ».

En France, on est spontanément méfiant à l'égard des entreprises que l'on rend volontairement comptables de tous les maux et sur lesquelles les gouvernements successifs ont l'art de faire peser des charges et des responsabilités hallucinantes.

Une entreprise qui prend soin de ses équipes, qui crée de la joie, c'est a minima paternaliste (alors qu'on le tolère volontiers dans la culture copier-coller des start-up), au pire suspect. Il faut dire que la culture judéo-chrétienne a souvent tenu à l'écart les entrepreneurs de la vie de la cité, ces derniers restant entre eux, l'entre-soi des coquins pour la *vox populi*.

Winston Churchill a eu une belle formule : « On considère le chef d'entreprise comme un homme à abattre, ou une vache à traire. Peu le voient comme le cheval qui tire le char. »

Il faudra bien qu'un jour l'entreprise sache se mettre au cœur de la cité et assume son rôle sociétal sans démagogie aucune. Pour cela, il faut que les entreprises travaillent leur exemplarité humaine. Encore une fois, sans aucune leçon à donner à quiconque, je peux penser que les entreprises ont un peu trop tendance à raisonner à court terme et oublient trop souvent de se penser en humanité. Elles cultivent un peu trop les tâches et oublient de donner du sens à la vie des gens ; c'est dommage. Elles devraient valoriser davantage le sens de leur mission, elles gagneraient en attractivité et en réputation.

Toute entreprise est par essence une entreprise à mission, même si le sujet est très à la mode. Encore faut-il le vivre en pleine culture. Avoir une mission, être une entreprise à mission impose de ne pas considérer ses équipes comme de simples salariés présents pour délivrer la contrepartie de leurs salaires, mais bien comme de vrais missionnaires animés, tous, par la même culture d'entreprise.

C'est pourquoi, encore une fois, je suis fier que Gifi fût la première entreprise en France à créer, en 2018, le poste de directrice de la culture, membre du comité de direction.

Chapitre 7

De la culture naissent la confiance et l'ambition

« Une entreprise sans culture
est comme un zèbre sans rayures. »

Proverbe

Pour que la parole perdure de génération en génération

L'enjeu le plus important lorsqu'une entreprise arrive à un seuil de son histoire comme c'est le cas pour Gifi – 40 ans en 2021 –, c'est d'être capable de garantir les conditions de la transmission culturelle non seulement pour garantir sa pérennité, mais aussi pour continuer de croître en toute cohérence au-delà des fondateurs.

Par définition, une entreprise doit pouvoir survivre à ses fondateurs ; en l'occurrence, Gifi doit me survivre sans difficultés. Depuis une dizaine d'années, je l'y ai préparé en consolidant non seulement une organisation, mais aussi en renforçant ce qui fait l'âme de Gifi, sa culture. La culture Gifi, pour moi, c'est un peu comme l'air qu'on respire, essentiel. Nous ne l'avions jamais vraiment formulée tellement elle se vivait au quotidien.

Pourtant, malgré cela, notre croissance était telle que nous ne portions plus assez attention à sa transmission : nous embauchions des compétences plutôt que de continuer à recruter des talents culturellement compatibles.

Une chose est sûre en matière de recrutement, contrairement à beaucoup d'idées reçues, l'enjeu n'est pas tant les compétences, mais bien la capacité d'une personne à faire sienne la culture de votre entreprise. Si, sous la pression de l'urgence, vous embauchez en vous disant :

« Il s'y fera » ou « Elle s'adaptera », vous avez une chance sur deux pour que la greffe ne prenne pas.

Dans le cas d'un échec, le coût pour l'entreprise est énorme tant sur le plan financier qu'humain sans parler du temps perdu et de la dégradation de la motivation des équipes.

Même dans le cadre de la recherche « d'un mouton à cinq pattes » rare sur le marché de l'emploi, il ne faut pas céder à la tentation et rester inflexible sur les critères culturels qui seuls garantissent le succès sur le long terme.

Nous sommes un employeur certes national et international, mais notre siège est à Villeneuve-sur-Lot ; cela signifie que nous rejoindre relève d'un vrai projet de vie, qui peut impliquer sa famille. C'est pour cela que nous ne pouvons nous permettre de nous tromper. Pour Gifi, chaque recrutement est capital. Charge à nous de donner à chacun toutes les clés de compréhension de notre histoire et de notre culture. En nous rejoignant, une personne ne doit pas simplement vouloir rejoindre une entreprise en croissance qui a bonne presse, elle doit avoir l'ambition d'inscrire son histoire dans notre grande histoire collective.

Nous avons bien plus que des postes ou des missions à offrir ; en effet, nos définitions de poste, à quelques nuances, sont sûrement identiques à la plupart de celles du marché. Une chose est certaine toutefois, à salaire et à responsabilités égaux, l'expérience de vie chez Gifi est vraiment unique.

Pourquoi ? Tout simplement en raison de notre « art de vivre ensemble ».

À aucun moment nous ne devons sacrifier notre culture au nom de la croissance, de la taille. Mais vouloir formaliser notre culture pour bien la transmettre ne doit pas travestir l'âme de l'entreprise.

Depuis trop longtemps la démagogie est au rendez-vous des sujets comme la culture, les valeurs… Je préfère ne rien faire que de mentir ou de travestir la vraie vie. Je ne veux pas être complice de la bienveillance à la mode. Chez nous, nous lui donnons tout son sens en privilégiant la force des actes et des engagements. Avez-vous remarqué comment, en à peine deux ans, le mot « bienveillance » est entré au Panthéon des mots « corporate » ? Il est mis à toutes les sauces. Bienveillance par-ci, bienveillance par-là, tout le monde est bienveillant. Est-ce que pour autant le monde a changé ? La considération, l'écoute, l'attention portée à autrui se sont-elles proportionnellement développées en entreprise sous l'impulsion de la bienveillance ? Le management a-t-il évolué vers une prise de recul salutaire, qui ferait de la place aux différences, à l'encouragement, à l'empathie ? Est-ce que cette époque si bienveillante a changé l'horloge du temps au profit d'un temps plus humain compatible avec toutes les formes de vie prises en otage par le diktat du « tout, tout de suite » ?

Il ne faut pas réfléchir longtemps pour constater que la bienveillance est, la plupart du temps, vide d'humanité dans les organisations. Alors même qu'elle devrait se pratiquer en toute discrétion et humilité, elle s'affiche sur papier glacé, envahit les argumentaires marque employeur, les raisons d'être tant à la mode, illustre les stratégies d'*onboarding* et commence même à influencer les programmes de formation en management. La bienveillance, c'est comme la générosité et l'amour, il y a ceux qui en parlent beaucoup et ceux qui la pratiquent vraiment en toute sincérité. En clair, il n'y a que des preuves de bienveillance. Et moi, j'ai toujours préféré les preuves aux intentions.

Une entreprise, quelle que soit sa taille, qui veut se revendiquer d'une âme bienveillante, doit l'assumer totalement au risque d'être clouée au pilori de la démagogie. L'assumer commence par l'exemplarité de tous les dirigeants et de tous les managers sans exception. Il suffit d'un pervers, d'un manipulateur, d'un brutal, d'un vulgaire pour que toute l'ambition s'effondre. L'assumer nécessite aussi de revisiter ses modes d'évaluation au profit du management de proximité et de développer un leadership spirituel porteur de sens humain, qui permet à chacun de prendre place, c'est-à-dire de trouver sa place. L'assumer réclame de faire sienne l'inclusion des différences, quelles qu'elles soient, au nom d'une culture d'entreprise partagée qui unit et fédère la tribu humaine que l'on incarne. L'assumer enfin impose du courage pour savoir traiter les actes de « non-bienveillance » tels que le harcèlement, le manque de politesse et de courtoisie, le stress, le racisme ou encore toutes formes de placardisation.

On a eu, pendant un temps, les tentatives du bonheur déclinées sous forme de directeurs du bonheur, garant d'une doxa de la joie de vivre en entreprise. Fort heureusement, cette mascarade a été vite démasquée. Aujourd'hui, on a la tartufferie de la bienveillance, qui fait des dégâts considérables et discrédite le monde professionnel. Contrairement au bonheur, la bienveillance est perverse, car elle est acceptable partout et pour tous. Elle ne relève pas de la seule sphère intime et privée, comme le bonheur justement, mais de l'éducation, du savoir-être et du savoir-vivre. En clair, elle est élémentaire et fondatrice de la relation humaine.

La réalité objective de la gestion des ressources humaines impose un examen de conscience salutaire et une réflexion profonde sur la capacité des entreprises à développer des rapports bienveillants, cordiaux, normaux tout simplement. Aujourd'hui, on bat des records de burn-out et de bore-out, de stress au travail, de souffrances diverses... Cherchez l'erreur !

À force de s'appuyer sur des mots béquilles, l'entreprise finit par se vider de toutes les aspérités susceptibles de venir nourrir une vraie relation de confiance avec ses parties prenantes.

Pour moi qui prône une culture fondamentalement bienveillante et d'amour, c'est un grand oui à la bienveillance qui se vit naturellement, sans avoir besoin de la brandir comme un passe-droit en moralité. Si l'on veut sortir des mots creux et autres discours « tarte à la crème », il faut oser privilégier la force des actes et des engagements. Avis aux communicants, complices de ce cynisme ambiant : la bienveillance ne doit pas donner bonne conscience, elle est conscience de soi.

Notre culture a uni des générations de salariés portées par la même passion, le même sens du collectif.

Lors du confinement de la crise du Covid-19, je recevais énormément de messages de collaborateurs – l'un des principes étant en effet que tout le monde peut m'écrire librement – qui tous m'évoquaient le maillot Gifi, la confiance, la famille que nous sommes… Chaque message me confirmait à quel point notre culture a fait de chacun de nos collaborateurs un vrai ambassadeur culturel, qu'il ait 20 ans, 50 ans ou plus…

Les meilleurs talents, nous l'avons vu, font de plus en plus l'entreprise buissonnière et ne veulent plus entrer dans le moule, de peur de ressembler à une tarte. Les cultures copiées-collées, très peu pour eux. Les organisations se fissurent avec en toile de fond une quête de sens, véritable leitmotiv sociétal. Et à chacun de jouer un rôle auquel la plupart ne croient pas : celui du chef sans pouvoir, celui du talent qui n'a qu'une envie, voir ailleurs, celui du senior qui prie qu'on lui foute la paix…

En parallèle, les entreprises à mission émergent. Moi qui suis un militant du plaisir, je me reconnais dans cette notion, bien évidemment à condition que ce soit vrai et sincère.

À chaque changement de siècle, il faut une vingtaine d'années pour basculer dans une autre dimension. La décennie 2020 sera celle de tous les changements spirituels, de surcroît après le traumatisme planétaire du coronavirus. Les modes de vie, le digital s'en sont chargés et nous savons désormais ce qui nous attend entre la *slow attitude* et l'éternité promise qui élèvent la reconquête du temps en Graal absolu.

À force de chercher son sens, de vouloir donner du sens, de subir les contresens, on a fini par se convaincre que la vie en entreprise n'avait définitivement plus aucun sens. C'était sans compter l'incroyable énergie humaine mue par l'espérance. Il faut afficher du courage pour concilier de nouvelles aspirations aux impératifs économiques des entreprises. Ce courage passe par la capacité à « habiter l'âme de son entreprise », de faire incarner par les dirigeants un leadership spirituel au sens de la cohésion collective et d'assumer un management qui encourage plus qu'il sanctionne. Face au déclinisme et autres théories de fin du monde, la révolution de l'envie d'être des salariés est un hymne à la liberté. Liberté de choisir, liberté d'agir, liberté d'être.

Jamais je n'ai constaté un tel potentiel d'adhésion aux projets d'entreprises *via* les entreprises que je rencontre pour d'éventuels investissements. Cette liberté me parle d'autant qu'elle est mon moteur depuis que j'ai quitté l'exploitation de mes parents. Notre culture est symbole de liberté.

Le leadership du cœur que j'ose me reconnaître et des émotions va, à n'en point douter, écrire un nouveau langage en entreprise et imposera des règles nouvelles de fonctionnement, portées par des valeurs cardinales, au premier rang desquelles nous trouverons la confiance, le partage mais aussi la transmission. Jamais Gifi n'a été autant en phase culturellement avec son époque.

L'envie d'être part de l'individu, qu'il soit client, salarié, candidat, citoyen ! L'entreprise et la société en général ne sont que des réceptacles temporaires. Les individus ne veulent plus être interchangeables, ils veulent être partie prenante de la mission.

Michel Serres écrivait : « Donnez des tâches à des gens vous en ferez des tâcherons ; donnez-leur des fonctions, vous en ferez des fonctionnaires ; donnez-leur des missions, vous en ferez des missionnaires ! »

L'entreprise doit se donner à vivre et à partager en cultivant une part de mystère et de solennité – il faut en être pour comprendre – afin de susciter le moteur de l'envie, la curiosité et la fierté. J'ai toujours dit – et avec humilité – que nous ne sommes pas faits pour tout le monde. C'est plus que jamais le moment de l'assumer en réfléchissant à notre transmission culturelle. Chaque personne a, en elle, le pouvoir d'être et ne doit en aucun cas se soumettre à des impératifs qui la détournent de sa vie. Être, c'est l'être pleinement dans tous les compartiments de vie. « L'envie d'être » qui va tout balayer sur son chemin, c'est « être en vie » !

Il n'y a pas d'un côté le boulot, de l'autre le perso, c'est absurde. Il y a LA vie et ses moments de vie qui doivent être vécus en harmonie. Aucun patron, aucune entreprise, aucun actionnaire, aucun manager, aucun salarié, aucun emploi ne méritent que l'on se détourne de soi et de son envie d'être.

L'entreprise n'a plus le pouvoir comme on le vivait il y a encore trente ans, la relation dominant/dominé est terminée fort heureusement au profit d'une relation de partenariat qui se devra d'être la plus équilibrée possible au nom de la mission et du partage culturel.

De mes débuts où je disais à des amis qui voulaient rejoindre mon aventure : « Vas-y, trouve un magasin et fonce » à aujourd'hui, je n'ai rien changé dans ma relation à mes équipes. Celui qui ose, qui fonce, sait que je suis là. Il n'y a pas besoin de plans de communication pour faire passer ce message, il faut l'incarner.

Mon ambition est d'offrir bien plus que des jobs ou des carrières, mais bien des projets de vie ; qu'importe leur durée dès lors qu'ils sont intenses. Mon plus beau rôle depuis toujours chez Gifi est d'être un créateur de projets de vie. Chaque salarié devra aussi assumer pleinement de devenir l'entrepreneur de sa vie, alors même que les professionnels du social vont vouloir de plus en plus penser et agir à sa place.

Mission ponctuelle ou mission à vie, c'est à chacun de choisir, voire de voyager de l'une à l'autre.

L'échec des syndicats professionnels ne signifie pas pour autant qu'ils ne sont pas utiles pour le futur, mais eux aussi devront changer de logiciel, s'ils ne veulent pas passer à côté de l'envie d'être des talents de demain, comme c'est le cas aujourd'hui. Chez Gifi, nous avons depuis le début basé notre dialogue social sur la transparence au profit de tous. Cette mise à plat générale ne se fera pas sans la réhabilitation d'un ternaire fondamental pour l'avenir : Culture-Droits-Devoirs. Il est valable dans les sociétés civiles comme dans les entreprises et la fonction publique.

De la fierté d'appartenance du siècle passé, nous sommes passés, fort heureusement, à la fierté d'adhésion. Faire adhérer passera par la capacité à faire respecter des règles du jeu connues et reconnues par tous. Être hors jeu devra être assumé par les parties prenantes plutôt que de rester dans le faire-semblant. Une nouvelle forme de discipline doit, de fait, s'imposer pour garantir le bien-être commun. L'entreprise, comme la société civile, ne peut être épanouie sans une discipline qui valorise l'envie d'être collective. Les entreprises à mission ouvrent le chemin.

L'entreprise du XXIe siècle est vraiment en train de naître sous nos yeux ; elle n'est ni start-up, ni « boîte à papa », elle est débarrassée des superflus pour se concentrer sur son énergie vitale et valoriser ce qu'elle a de plus important, sa mission en humanité.

Les entreprises à mission ouvrent la voie. Charge à elles d'innover aussi sur le plan RH pour faire de leurs salariés de *vrais missionnaires* ; autrement, c'est tout le concept d'entreprise à mission qui s'effondrera. De son humanité naîtra sa performance ; de son humanité naîtra aussi son attractivité pour toutes ses parties prenantes. L'espérance en cette humanité n'est pas une utopie mièvre, c'est un engagement et un combat pour un monde de progrès.

Pour nous, la vraie mission est de « rendre les gens heureux en prenant du plaisir à faire plaisir » ; tout un programme commencé en 1981 et qui continue. Notre culture formalise de fait nos usages entre nous, nos règles du jeu… Plus facile à dire qu'à écrire, d'autant que je voulais une formulation simple, limpide et accessible à tous. C'était d'autant plus important pour moi qu'à partir de 2016 nous constations du cloisonnement à la centrale, un manque de fluidité au quotidien, des équipes qui ne se parlaient pas ou plus… Bref, une centrale qui commençait à ressembler à toutes les centrales. Je ne pouvais accepter qu'entre bureaux les équipes perdaient le réflexe de se parler au profit de l'envoi de mails, de se voir, de faire la fête entre eux. Les territoires, les fonctions et les distinctions qui cloisonnent, divisent ne sont pas culturellement compatibles chez Gifi. Et comme notre croissance avait à un moment privilégié des recrutements de compétences avant tout, nous avions importé de mauvais réflexes humains qu'il fallait vite corriger.

Durant l'été 2018, nous avons mobilisé, avec le comité de direction, un panel de managers de notre centrale mis en place pour baliser un travail culturel de fond et lancer un travail de co-construction avec les équipes, qui sont les mieux placées pour parler de notre culture.

De nombreux points d'amélioration ont été évoqués et six chantiers ont été sélectionnés : 1. Accueil ; 2. Culture ; 3. Espace de vie/Qualité de vie au travail. 4. Communication interne ; 5. Détection & développement des talents ; 6. Management.

Pour chacun des sujets, en moyenne une douzaine de collaborateurs volontaires se sont impliqués. Mais pour donner de l'importance au sujet, il me fallait produire un acte fort et symbolique à la fois. Pour m'assurer de la solidité des fonts baptismaux de ce chantier culturel, il me fallait une personnalité exemplaire, engagée dans l'intérêt collectif avec une vision 360° de l'entreprise. Mon épouse Brigitte a endossé cette responsabilité et a fait immédiatement l'unanimité sur le sujet.

Forts du travail des équipes, nous avons cherché la bonne formulation pour verbaliser noir sur blanc notre culture. Le succès de Gifi s'étant bâti sur les formules simples et efficaces, il fallait trouver l'idée simple, intemporelle et puissante. Qu'est-ce qui résume le plus notre culture, si ce n'est la fierté de porter notre maillot et de se sentir appartenir à la grande famille Gifi ?

L'idée est là sous nos yeux en six lettres : FIERTÉ.

Nous sommes fiers de ce que nous sommes, nous sommes fiers de ce que nous représentons, nous sommes fiers de ce que nous serons demain, car une chose est sûre, nous serons toujours fidèles à ce que nous sommes.

Ce mot « fierté », j'ai voulu en faire le symbole même de notre culture, un étendard qui se décline lettre par lettre :

- le F de **F**idélité, le principe même d'une relation sincère et durable ;
- le I d'**I**dées, car les idées de génie sont le miroir de nos équipes ;
- le E d'**É**volution, car la reconnaissance du talent permet à chacun de se bâtir son propre parcours ;
- le R de **R**econnaissance, vitale chez Gifi, car tout le monde mérite la meilleure des considérations ;
- Le T de **T**ransmission, car chacun doit se sentir passeur de culture ;
- et le E d'**É**coute, car c'est l'essence même de la relation.

Fidélité, Idées, Évolution, Reconnaissance, Transmission, Écoute, le mot FIERTÉ n'a jamais été aussi riche de sens. Il nous parle à tous et traduit aussi tellement ce que je ressens vis-à-vis de mes équipes.

Nous avions l'étendard, il nous fallait écrire le rituel de notre famille, de notre tribu. Nous avons conçu une charte culturelle. Elle se nourrit de « la distribution a du cœur » que nous mettons en avant depuis des années et qui nous a fait reconnaître comme un employeur de premier plan dans notre secteur. Cette charte n'est pas un support de communication, mais bien l'affirmation de principes culturels derrière lesquels je fédère depuis toujours mes équipes.

En clair, ils remettent « l'église au milieu du village ».

Cette charte s'appuie sur 9 commandements ; 10, c'était déjà pris et 11, ça faisait franchement trop. Chaque commandement se décline aussi bien pour les collaborateurs que pour l'entreprise. Les voici :

1. Comporte-toi toujours avec les autres comme tu aimerais qu'ils se comportent avec toi.

Ce principe-là est, à mes yeux, la base de tout dans une entreprise, comme dans la vraie vie. C'est la clé du respect et la seule attitude positive accessible à tous. Il nourrit l'exemplarité induite dans les actes de tous les jours, des plus insignifiants comme des plus importants.

2. Donne toujours le meilleur de toi-même sans te soucier de tes retombées personnelles, tout arrive à point nommé.

C'est l'essence même du succès tel que je l'ai toujours pratiqué et développé autour de moi. Il met à mal les arrivistes et autres égoïstes et, surtout, il induit le plus important, la confiance ; et par-delà l'altruisme, que l'on refoule si souvent dans le milieu professionnel.

3. Assume toujours tes responsabilités sans jamais te dédouaner sur les autres.

Faire porter les échecs sur les autres et s'approprier les succès des autres est une attitude tellement répandue chez les petits chefs et autres « personnes nuisibles ». Se responsabiliser en assumant tous les actes et conséquences renvoie à son intégrité morale. Toute ma vie j'ai encensé les vrais responsables et rejeté les arrivistes.

4. Aide celui qui est de bonne volonté à progresser, ignore l'égoïste et le manipulateur.

La solidarité chez Gifi est une valeur cardinale de notre art de vivre ensemble. Nous sommes tous au service des autres. Parfois, certains l'oublient ; d'autres, se la jouant grands chefs, pensent que tout le monde est à leur service. Rappeler cette vérité est important dans la transmission de notre culture.

5. Porte avec fierté nos couleurs.

Chez Gifi, le plus important, c'est bien évidemment notre maillot. Comme dans un sport collectif, le maillot unit, fédère, met à égalité tous les joueurs au-delà de leurs palmarès, leurs âges, leurs origines… Nous sommes tous des commerçants et fiers de l'être. Notre Marque Maillot symbolise l'union de la grande famille Gifi, des entrepôts aux magasins, de la centrale à tous nos pays.

6. N'hésite jamais à faire le pas de côté si ça peut être utile à tous.

Lorsqu'une organisation devient système et que le système prend le pas sur l'initiative, on finit toujours par museler les audacieux. Les idées de génie ne se trouvent pas dans un cadre figé, mais bien en sortant du cadre. Encourager le pas de côté, c'est assumer que les idées peuvent venir de partout et de tout le monde. J'ai passé ma vie à écouter, et de l'écoute, très souvent, j'en ai tiré des idées pour Gifi. Par l'écoute, on libère la créativité, pour cela il ne faut pas avoir peur d'oser !

7. Si tu es manager, n'oublie jamais que tu n'es rien sans ton équipe et que tu es à son service.

Sans m'ériger en modèle, loin de là, il s'agit ici de rappeler l'essentiel du management en une phrase : aimer son équipe et lui être reconnaissant ! Un manager est un guide, un facilitateur, un coach, mais sa raison d'être est avant tout la performance de son équipe. Pour aimer son équipe, il faut, au-delà de ses compétences, connaître chaque humain qui la compose, avoir une oreille attentive et bienveillante tout en sachant recadrer lorsque cela est nécessaire.

8. Détecte et révèle les talents, car ton vrai talent de manager est de trouver celui qui te remplacera.

La détection et le développement des talents, contrairement à une idée reçue généralisée, ne sont pas que du ressort des services RH. Elles relèvent de la responsabilité de chaque manager. La plupart du temps, les managers se créent leur propre zone de confort en cherchant à « museler » les talents qui peuvent leur faire de l'ombre, en gardant jalousement des talents qui ont envie de bouger sans comprendre que le risque est de les perdre. Un manager a un devoir humain vis-à-vis de son employeur : lui garantir la meilleure gestion de ses talents et assurer son remplacement potentiel tout en veillant à l'épanouissement collectif. Les revues de talents menées tambour battant par des DRH, c'est bien, mais dans la vraie vie, c'est au quotidien que le leadership s'exprime pour faire fructifier les potentiels de tous.

9. Notre culture est dédiée au bonheur de nos clients et de nos équipes.

Les deux piliers sur lesquels repose l'avenir de Gifi, comme de toutes les entreprises d'ailleurs, sont bien évidemment ses clients et ses équipes. En clair, nous avons depuis toujours un double projet économique et humain qui unit nos clients et nos collaborateurs dans une culture commune. Ce qui est bon pour nos clients doit l'être pour nos équipes et vice versa. Notre culture est l'étalon de nos actes et de nos réflexions. Gifi est une marque fondamentalement humaine et doit le rester pour toujours.

Parfois, en écrivant ainsi, on peut avoir le sentiment d'enfoncer des portes ouvertes, mais il faut le faire tout simplement pour que la parole perdure de génération en génération.

Dans la foulée de notre charte, notre directrice de la culture a organisé tous les trois mois une soirée de la centrale pour permettre à tous d'en comprendre le sens, de la vivre pleinement. Ces soirées réunirent en roulement plus de 300 personnes et furent un formidable succès. À l'instar de notre « machine à bisous » en magasins, elle a instauré celle de la centrale afin de mettre tout le monde en mode « progrès ».

J'ai pris conscience que même dans une entreprise aussi humaine que la mienne, on n'attache jamais trop d'importance aux mots, aux rites, au sens tout simplement. Pourquoi on est là ? Quel est le sens de mon métier, de ma vie ? L'entreprise ne peut pas se tenir à l'écart des grandes questions existentielles de la vie.

Bien sûr, une entreprise n'a pas à imposer une doxa à ses équipes, ce serait une secte, mais elle doit s'efforcer, à travers sa culture, de donner du sens qui dépasse les missions de chacun. Je suis certain que si nous avons traversé toutes les crises de ces dernières années en restant solides, c'est assurément dû à notre culture. Dans un groupe comme le nôtre qui va dépasser les 10 000 collaborateurs, la culture est la source de l'attractivité et de la fidélisation des talents ; elle est donc capitale.

Après l'épreuve du cancer que j'ai évoquée au premier chapitre, suivie peu de temps après du confinement lié au coronavirus, je me suis questionné bien évidemment sur ces questions existentielles. D'un côté, je devais préserver tous les emplois de mon groupe au moment où nous étions obligés de fermer 100 % de nos magasins, ce qui signifie en clair zéro chiffre d'affaires du jour au lendemain. De l'autre, je sentais bien que ce temps imposé était aussi un temps béni pour me reconstruire et anticiper la suite.

J'étais fermement décidé à transmettre l'essentiel de ce que j'ai vécu pour que mes petites leçons de vie soient utiles le cas échéant. Ce livre en est la traduction, et je me rends compte, en partageant ainsi l'importance de la culture dans la vie des gens, que c'est finalement le sens même de toute ma vie que je partage avec chaque lecteur. De la culture naît en effet la confiance ; elle est la mère nourricière de tous les projets ; elle est alliance de toutes les unions. Au début, elle se confond avec un style de vie – « le style du bonhomme » – pour devenir au fil des décennies le carburant qui met en mouvement des milliers de talents.

Notre charte culturelle irrigue désormais toutes nos actions et réflexions, elle illustre parfaitement ce que j'ai bâti avec mon cœur mais aussi mon exigence, ma volonté de permettre à chacun de donner le meilleur de lui-même. En mettant des mots sur ces principes de vie, je veux envoyer à toutes les générations le message suivant : dans une entreprise, de surcroît comme Gifi, le plus important, c'est la culture : elle est notre bien commun, notre langage commun, elle est aussi le garant de notre éthique. Il n'y a pas de petits aménagements avec la culture, elle est une et indivisible, elle exclut l'égoïsme et les modes sur les différences entre telle et telle génération. Les générations X, Y, Z, laissons cela aux entreprises qui coupent les cheveux en quatre dès qu'il s'agit de parler d'humain, notre culture est le ciment d'une seule équipe, d'une seule famille, dans le respect, encore une fois, de toutes les différences.

Un maillot comme celui de Gifi n'a pas d'âge, pas de distinction d'origine, de sexe, de diplôme, il est unique car celles et ceux qui le portent avec cœur sont vraiment considérés comme uniques. Un peu à l'image du Lot-et-Garonne…

Arrivé à ce stade de cet ouvrage, je me rends compte que deux éléments fondamentaux, souvent évoqués dans ce livre, m'ont guidé sur ma route de chef d'entreprise. Ils influencent non seulement la dynamique de partage que j'impulse partout où je passe, mais ils me permettent aussi de cultiver une énergie qui aujourd'hui m'a sauvé la vie.

La pratique du sport qui rythme mes journées et une quête spirituelle qui m'aide à prendre un recul salutaire sur le quotidien. Derrière ces deux dimensions, une fois encore les relations humaines ont joué un rôle essentiel. Pendant longtemps, j'ai couru tous les matins, et ce quelle que soit l'heure à laquelle je devais commencer ma journée et quel que soit le pays où je me trouvais – si c'est 5 heures, je courais à 3 heures ! Ce footing matinal était pour moi un véritable carburant pour la journée, mais aussi une manière de faire le tri dans ma tête en organisant ce qui doit l'être. J'arrivais au travail les idées claires sans avoir besoin, comme beaucoup, de trois ou quatre cafés pour être en forme.

Ce goût du sport que je partage dès que je le peux avec mes équipes, je le dois à un maître-nageur rencontré lorsque nous allions ouvrir le magasin de Bordeaux dans les années 1980 et qui se proposa de m'aider. Non seulement il m'a « éduqué » au sport, mais, surtout, il ne m'a jamais quitté, puisque Michel Djavadi est le président de Gifi Asia. Le hasard de notre rencontre a confirmé bien des points communs qui se sont affinés par la suite.

Pour moi, le sport a une vertu personnelle d'équilibre, mais il a une dimension collective essentielle. Chacun peut en effet se confronter à ses limites tout en jouant collectif. Cette symbolique m'est chère, car, à mes yeux, une entreprise est comme une équipe de sport : chacun a une mission précise pour le succès de l'équipe, la victoire est toujours collective. La relation entraîneur/joueur est vitale, elle crée une alchimie qui amène au plaisir du dépassement, à l'envie d'aller plus haut. Lorsque je cours ou fais du VTT dans la nature, je suis toujours porté par l'esprit de mes équipes. Je suis à la fois leur capitaine et leur entraîneur, je me dois d'être et de rester en forme. C'est un défi face au temps, c'est aussi une volonté d'exemplarité.

Ski, rando, VTT, foot et j'en passe, les occasions ne manquent pas de vivre intensément des moments intenses. Je suis un adepte de la maxime « *Mens sana in corpore sano* » (10e satire de Juvénal) – « Un corps sain dans un esprit sain » – qui a inspiré Pierre de Coubertin qui a créé la variante « *Mens fervida in corpore lacertoso* », soit « un esprit ardent dans un corps musclé ».

Du corps à l'esprit

Ma vie m'a forgé une foi en l'humain profonde, spirituelle et opérative ; je l'ai écrit précédemment, je crois fortement aux forces de l'esprit. Des rencontres décisives m'ont ouvert les portes de mondes où l'esprit guide et soigne. Magnétiseur, énergéticien, médium, qu'importent les noms, ils sont tous réducteurs face à l'infini de l'esprit. J'ai conscience avec ces lignes de pouvoir interpeller, voire choquer certains – je m'en excuse –, je veux partager ce que l'intelligence du cœur peut créer, ou du moins ce qu'elle m'a apporté. La première personne qui m'a ouvert, pour ne pas dire initié à cette spiritualité du cœur, c'est M. Charlot, un magnétiseur rencontré grâce à mon ami architecte Jacques Bru. J'avais ouvert mon premier magasin et connaissais les prémices du succès ; tout allait bien, si ce n'est que je vivais relativement mal les signes du succès, le poids des responsabilités, le regard des autres qui changeait aussi… J'avais tout pour être heureux, mais je m'enfonçais insidieusement dans une dépression en pensant en permanence à celles et ceux qui étaient dans le besoin, à mes parents aussi. Même si je ne devais rien à personne, l'écart qui se creusait m'était de plus en plus insupportable, il me rongeait de l'intérieur. Jacques me proposa de rencontrer M. Charlot. « Tu verras, il te fera du bien. »

La première rencontre avec lui fut décisive ; il m'écouta, parla peu. Je le revois passer ses mains sur moi avec cette sensation étrange d'une légèreté retrouvée. Les idées noires s'envolaient, l'énergie circulait de nouveau. Son magnétisme et ses connexions m'ont sorti de l'abîme. Je n'ai jamais cessé de le revoir pendant des années ; il fut mon seul « médecin ». J'ai passé vingt ans avec lui, il ne me questionnait jamais, mais avait l'art de savoir me faire parler.

Même à distance, il était capable de me soigner, m'évitant même une opération du tympan que je devais subir en urgence à la suite d'une violente chute en ski nautique : arrivé aux urgences, je souffrais le martyre. « Monsieur, on vous garde en surveillance, il faudra peut-être vous opérer. » Panique. Je sors vite de l'hôpital pour téléphoner à M. Charlot, je ne me voyais pas rester à l'hôpital sans son avis. D'une voix calme, il me rassure et me dit de ne pas m'en faire, qu'il allait me soigner à distance et me demande ce que j'avais prévu pour la soirée.

« Je dois aller à un anniversaire, dis-je.

– Allez-y, ne changez rien à vos projets, prenez juste de l'aspirine », me répond-il.

Le soir même j'allais à l'anniversaire, la douleur ayant fortement baissé ; dans la foulée, je suis allé le voir pour qu'il finisse son travail. Je n'ai jamais été opéré et n'ai aucune séquelle. Pendant toutes ces années, il s'est occupé de moi, mais aussi d'un nombre incroyable de personnes dont j'avais transmis la photo pour les aider à distance, que ce soit pour soigner une maladie ou encore aider sur des problèmes de fertilité. Ensemble, nous avons soulagé beaucoup de monde.

C'était un être de lumière. À son contact, je me suis toujours efforcé d'être un homme de bien, au sens d'aider celles et ceux qui en ont besoin, souvent même sans le faire savoir. Aider n'a de sens que s'il n'y a aucune contrepartie. Aider, c'est donner. Dans le cas de M. Charlot, il donne de son âme, de son cœur, de sa vie. Un jour, il me fit cadeau d'une chaîne qu'il portait autour du cou et de sa médaille, un triangle en or, avec le symbole du yin et du yang, qui exprime la double nature des choses, en me demandant au préalable si je la porterais. Je fus, bien sûr, ému de recevoir un tel présent. Il me mit la chaîne autour du cou, et depuis je n'ai jamais cessé de la porter, elle ne m'a jamais quitté. Derrière toute la symbolique de cette médaille qui porte en elle le sens de la vie, j'acceptais aussi inconsciemment la mission transmise par M. Charlot, faire le bien et aider. Ce serait présomptueux de dire que j'y suis arrivé, je m'efforce d'en être digne. Le triangle est devenu le symbole de Gifi et même si notre logo a évolué au fil du temps, le triangle, lui, n'a jamais bougé. Un jour, M. Charlot m'a reçu bizarrement, mettant une distance inhabituelle entre nous au point que nous ne nous sommes pas parlé pendant six mois, jusqu'au jour où une personne m'a remis une lettre de sa part.

« Lorsque vous lirez cette lettre, je serai mort depuis trois mois... » Accompagnée d'un pendule, cette lettre était un véritable passage de relais, un acte de survivance aussi. Il avait tout prévu et voulu me préserver de ces derniers instants. Depuis, chaque jour, je pense à M. Charlot, qui, de là où il est, continue à veiller sur nous. Je le sais.

Par la suite, de nombreux échanges téléphoniques avec Alain, lui aussi initié, ont partiellement comblé le vide laissé par M. Charlot. Deux autres êtres de lumière ont pris le relais de M. Charlot en croisant mon chemin et ont uni leurs énergies pour m'aider à traverser l'épreuve du cancer. Nadège Boizot et Sofia Kurumi qui toutes deux consacrent leurs vies à soigner et à aider. Connectées à des forces invisibles et pourtant si présentes, l'une et l'autre sont parfois le dernier espoir de personnes condamnées et envoyées par leurs médecins. Nadège qui a vécu le drame de perdre sa fille très jeune a fondé la fondation Aurore Espoir (www.aurore-espoir.org) pour aider en particulier les enfants ; lorsqu'elle m'a fait l'honneur de me demander d'en être le parrain, j'ai dit oui immédiatement. Sofia, elle, a été initiée par sa grand-mère grecque à l'âge de 2 ans. Depuis, ses dons n'ont cessé de se développer pour faire, osons le mot, de « vrais miracles ». Dans le cas de mon cancer, j'en fus témoin, la manière dont je fus pris en charge par la meilleure équipe qui soit sans connaître pour autant quiconque sur Paris, du jour au lendemain, fut tout simplement spectaculaire.

Ces trois grands initiés sont des miroirs de vie ; leur amour pour autrui est tel qu'il ne peut qu'enseigner à chacun de s'efforcer de faire du bien aux autres ; même si je ne suis pas pratiquant, ayant tout de même fait mon catéchisme, je crois qu'il y a quelque chose au-dessus de nous qu'il faut respecter. Une énergie que l'on peut ressentir, éprouver pour s'en faire le relais naturel.

Il n'y a point ici de superstition, juste du vécu. Pour moi, cette énergie a l'image de la Vierge Marie qui incarne cette énergie universelle. La foi en cette énergie a, j'en suis persuadé aujourd'hui, guidé et affûté mon intuition tout au long de ma vie et en particulier au sein de mon entreprise qui ne ressemble à aucune autre.

Les valeurs humanistes qui nous animent, la solidarité qui me lie aux équipes, le nombre de familles qui se sont créées au sein de l'entreprise, tout cela peut paraître surprenant, mais constitue aussi l'âme de Gifi.

Je termine par un exemple révélateur qui a donné naissance à Gifi Loc, notre filiale de location de véhicules. Un matin d'hiver, j'arrive vers 5 heures au bureau et croise un collaborateur de l'entrepôt qui arrivait aussi, dans une voiture qui ressemblait plus à une épave qu'à autre chose. Je me dis que cela n'était pas possible. Bien sûr que je ne peux pas augmenter tout le monde, notre profession a ses règles et l'équilibre économique d'une entreprise ne peut pas être managé par les seuls sentiments.

Dès lors, une seule question : comment permettre au plus grand nombre de mes collaborateurs de pouvoir rouler dans des voitures neuves en toute sécurité, sans que cela ne leur coûte cher ? C'est ainsi que nous avons créé un vrai loueur de voitures, Gifi Loc, qui dans un premier temps a développé des offres imbattables avec de faibles loyers pour nos équipes avec des voitures logotypées Gifi. Selon les moyens de chacun, nous avions au départ une gamme précise. Avec un système d'objectifs, nous avions même mis au point un système d'amorti des loyers… Aujourd'hui, beaucoup de nos collaborateurs, dont les plus modestes roulent dans des voitures neuves, affichent leur fierté Gifi ; Gifi Loc est devenue par ailleurs une filiale qui se développe auprès du grand public.

Faire du bien à autrui peut prendre des formes variées, l'essentiel est d'écouter son cœur.

Chapitre 8

Le management par l'exemplarité

« Il n'y a point de vent favorable
pour celui qui ne sait pas où il va. »

Sénèque

Ce que la vie m'a appris du management

La culture, nous venons de le voir, est un outil pour garder le cap et fédérer les troupes ; elle est un outil de combat et d'amour à la fois. De combat, car elle agrège les forces vers un but commun face à des concurrents ; d'amour, car elle rassemble autour du feu les guerriers. Chez nous, elle incarne fondamentalement un mode de vie fondé sur la simplicité, le goût des autres, l'envie de partager tout en cultivant une exigence accrue. Mais sans un management exemplaire, la culture peut se retourner contre l'entreprise et sa direction. Asséner de jolies formules qui ne se vivent pas au quotidien, c'est laisser libre cours à toutes les formes de désengagement possibles. Il y a en effet la lettre et l'esprit de la lettre…

Comment entraîner les autres vers un but commun ?

Comment parfois s'oublier au nom d'une cause commune ?

Comment inscrire son histoire personnelle dans la grande histoire collective ?

N'ayant jamais appris le management, je suis devenu manager après avoir été patron. Les règles que je me suis fixées dès le départ sont devenues des invariants pour moi et ont progressivement dessiné un modèle de management « à la Gifi ».

L'exemplarité dans tous les sens du mot : quels que soient les sujets, vous devez en tant que managers montrer l'exemple. On n'obtient pas le meilleur des équipes sans donner le meilleur de soi. Être toujours disponible pour le collectif : une entreprise, ce n'est pas un sport individuel, c'est un sport collectif. Mouiller le maillot et donner envie. Si le chef n'est pas inspirant, comment voulez-vous générer de la créativité et de l'adhésion ?

Je ne suis pas un philanthrope, mais un chef d'entreprise qui veut que ses affaires progressent, tout en créant le maximum de plaisir et de considération pour ses équipes. En clair, en donnant du sens. C'est justement ce que les salariés d'aujourd'hui attendent, en particulier les jeunes que j'ai toujours aimé encourager et pousser vers leur destin. Cette jeunesse, je la sais d'un humanisme sincère, animée par de grands desseins, éprise de sens. Les jeunes lycéens, étudiants, professionnels, attendent qu'on leur propose un avenir enrichissant, exaltant, et pas seulement une carrière pour gagner leur vie.

Pour espérer être suivi, il faut avant tout donner envie de l'être. Être d'abord celui qui fixe le cap, le sens de l'action, mais aussi être celui qui met de la joie dans la vie. Le meilleur stratège qui soit qui fait en permanence « la gueule » sera très vite aux yeux du plus grand nombre une personne à éviter, car pas agréable à vivre. L'autorité ne s'exprime pas par la morosité et la distance, elle se mesure à la capacité de mettre en mouvement.

« Il faut une petite musique en soi pour faire espérer danser le monde », disait Nietzche.

Cette vision et ce cap doivent s'inscrire dans « le temps long ». Cela demande de la réflexion et de l'intelligence et surtout des temps de « pause et de respiration » pour laisser mûrir les choses. Pour entraîner derrière soi un ou deux collaborateurs ou des dizaines, des centaines, des milliers, des millions de personnes, mieux vaut se préoccuper d'abord de stratégie et penser l'avenir ; l'improvisation peut parfois relever du génie ; mais lorsque l'on ne compte que dessus, ça devient vite de l'amateurisme.

La stratégie, qui détermine la vision – elle-même jaillie de la réflexion ou de la contemplation –, répond à la question du « quoi » ; on peut alors chercher les moyens d'atteindre l'objectif. C'est la tactique qui résout la question du « comment ». Et dans le commerce, la tactique est quotidienne : s'adapter à une météo capricieuse, à un système informatique qui tombe en panne, à un concurrent qui s'installe à 100 mètres… La stratégie est donc au service de la vision et du cap à tenir quand la tactique ne vient qu'en support, ce qu'oublient la plupart des managers. Attention à ne pas mettre la charrue avant les bœufs.

Dans une société qui se digitalise et se virtualise et qui à certains égards éjecte par anticipation tous ceux qui ne se sentent pas capables de suivre, à une époque où le temps presse… et stresse, il faut savoir s'aligner sur soi et prendre de la hauteur. Le confinement du Covid-19 nous a tous obligés d'en prendre.

Rester naturel et sincère

Mais le manager n'est pas seulement celui qui tient un cap. Loin de là. Autrement, il peut facilement rester bloqué et droit dans ses bottes. Ce n'est pas l'homme ou la femme raide qui s'agrippe coûte que coûte à l'objectif. Autrement, la fin justifierait tous les moyens et l'échec serait au tournant de cet entêtement. Il doit être avant tout profondément humain, honnête et digne. En permanence, il doit gérer des objectifs qui parfois relèvent d'injonctions paradoxales tout en préservant ses équipes au nom du but à atteindre.

En ce sens, notre charte culturelle nous protège autant que faire se peut des petits chefaillons. Du moins je l'espère…

Je me suis toujours exercé à être un homme « d'équilibre », humain, exigeant, amenant mes équipes à se dépasser. Chacun a des envies de sommets, il faut juste les révéler. Pour moi, les vrais managers sont ceux qui ne se départissent jamais de leur humanité : ils savent rester « naturels » et sincères. Pour le fêtard que j'ai été (et que je suis toujours), une seule devise : être sérieux sans se prendre au sérieux.

Mais comme le précise le général Pierre de Villiers dans son livre *Qu'est-ce qu'un chef ?* (Fayard, 2018), « le chef doit préserver une hygiène mentale en revenant toujours au bon sens qui simplifie la complexité. […] Trop d'intelligence nuit parfois à l'intelligence ». Enfin, ajoute-t-il, « il ne faut pas nier le besoin transcendantal inhérent à tout Homme pour être en paix totale, quelles que soient ses convictions en la matière. Corps, esprit et âme, c'est un être humain total qu'il faut unifier et équilibrer ». La fin du chapitre précédent résonne bien évidemment avec l'exemple de ce grand chef.

Agir toujours en vérité pour rester libre est aussi une règle que je me suis appliqué tant à moi-même qu'avec mes équipes, mes clients, mes partenaires ou encore les médias. Pour entraîner derrière soi et mériter la fidélité de ses équipes et de tous ceux dont on a la responsabilité, il y a pourtant une condition : être en vérité. « La vérité rend libre alors que le mensonge est une prison pour l'âme », dixit le général Pierre de Villiers.

En toute circonstance, un bon chef est celui qui pense, agit et se comporte en vérité. Il peut se tromper. Mais il ne trompe pas autrui et ne se ment pas à lui-même. « Il reste un esprit libre sans être conditionné par l'air du temps », précise toujours le général de Villiers. Difficile de ne pas appliquer cette « leçon de vérité » à la démission fracassante du général d'armée le 19 juillet 2017. Dans un communiqué, il explique alors son désaccord avec le chef de l'État, le président Macron, sur la réduction du budget de la Défense : « J'ai estimé qu'il était de mon devoir de leur faire part de mes réserves, à plusieurs reprises, à huis clos, en toute transparence et vérité. [...] Dans les circonstances actuelles, je considère ne plus être en mesure d'assurer la pérennité du modèle d'armée auquel je crois pour garantir la protection de la France et des Français, aujourd'hui et demain, et soutenir les ambitions de notre pays. » Cette conviction est assez forte pour le conduire à présenter sa démission et à quitter l'armée. Du jamais vu à un tel niveau de responsabilité. Mais le « chef » ne doit-il pas mettre sa « vérité » avant la réussite de sa carrière ? Accepter de se mettre en danger pour ne pas mettre en danger ceux dont il est chargé ?

Au soir de ce 19 juillet, Pierre de Villiers quitte le ministère de la Défense sous les applaudissements de ses hommes qui, pour la dernière fois, forment une haie d'honneur jusqu'à sa voiture.

L'exemple du général de Villiers illustre parfaitement le droit à la vérité de chacun ; un manager, de surcroît de direction, qui resterait dans une organisation en étant en désaccord avec la stratégie est au mieux un faux-cul, au pire un manipulateur qui met en danger le collectif. Sa liberté est de partir ou de se battre pour, le cas échéant, faire infléchir les positions et la stratégie qu'il rejette.

Un manager a un devoir de loyauté ; ce qui n'en fait pas pour autant un béni-oui-oui, loin de là. Aujourd'hui, les entreprises sont gangrénées de l'intérieur par des managers qui font façade sans être habités ni par le projet ni par la culture. Ce sont des opportunistes nuisibles à la performance collective et au maillot. Ils sont généralement très difficiles à détecter. Tous les vœux pieux sur l'exemplarité partent en fumée si on accepte dans une organisation une forme de lâcheté s'insinuer parmi les managers.

Lorsque l'on a, comme c'est le cas de notre groupe, de multiples familles de métiers, on a naturellement des familles de managers qui se distinguent par leurs expertises respectives. Mais l'art de manager est le corollaire de la transmission culturelle. En ce sens, bien au-delà des expertises, il ne peut y avoir qu'une philosophie de management dans une entreprise ; chaque salarié devant être logé à la même enseigne sur le plan managérial.

Nous savons que trop souvent, il y a autant de modèles de management qu'il y a de managers dans une entreprise. C'est triste pour les équipes, mais c'est ainsi. La raison est fort simple : il est rare de travailler le savoir-être en parallèle du savoir-faire, comme il est rare d'élever la culture d'entreprise en critère d'évaluation des managers. De plus, on fait trop du management une filière naturelle d'évolution ; tout le monde n'est en effet pas fait pour être manager car il faut non seulement une excellence technique – savoir de quoi je parle –, mais aussi des qualités de cœur et beaucoup d'humilité. Ce n'est pas parce que l'on est chef que l'on est infaillible ; cette humilité, si elle n'est pas feinte ou démagogique, peut assurer au manager la confiance de ses équipes et accroître auprès d'elles son autorité.

Vision et sens, humanité et équilibre, savoir-être et compétences, humilité, le tout enveloppé d'une juste confiance et d'un sain optimisme, voilà donc quelques ingrédients qui peuvent faire d'un homme ou d'une femme un manager respecté.

Le modèle de management de Gifi est un modèle unique, bâti sur l'art de vivre que j'ai décrit dans les chapitres précédents. Gifi est de fait une entreprise unique à l'abri des modes, au sens de l'exclusivité culturelle. Sa culture est au cœur de ses relations humaines et fait de l'Humain le levier de sa performance, partant du principe que des collaborateurs heureux font des clients heureux. Son management est un vrai management culturel. Il est clair que la priorité donnée au bonheur de nos équipes et de nos clients induit un management dévoué, voire altruiste par certains aspects.

Bien évidemment, nombre de managers qui sont avec moi ont calé leur façon de faire sur la mienne ; c'est normal à un moment de servir de référence. Mais lorsque l'on grandit, le modèle peut se diluer. D'où l'importance à un moment de formaliser aussi les attendus managériaux. Le travail mené sur notre culture a aussi contribué à parfaire notre réflexion managériale. Les fondamentaux managériaux que j'ai formulés structurent le « vivre ensemble » des équipes et confèrent à chaque manager une responsabilité morale, en tant qu'ambassadeur de « la distribution qui a du cœur ».

Tout le monde ne peut pas être manager Gifi ; des compétences techniques ou des expertises métier ne suffisent pas, il faut un supplément d'âme, il faut avoir « l'intelligence du cœur ». Le management Gifi se caractérise par une dimension humaine qui associe exigence et empathie, partage et dépassement de soi au service de la performance de l'entreprise. La philosophie managériale de Gifi telle que nous l'avons éprouvée en une quarantaine d'années a encore une fois deux objectifs clairs :

– l'obsession client – tout ce qui est mis en œuvre quels que soient les services, doit servir le bonheur des clients ;
– l'épanouissement des équipes.

Toute personne qui porte fièrement les couleurs de Gifi et s'engage dans le développement de l'entreprise mérite de fait le meilleur de Gifi. Pour moi, il ne peut y avoir débat sur ce point. L'entreprise a un devoir de reconnaissance et de récompense face à ses meilleurs éléments. Toute personne, quels que soient son métier, son âge, ses origines, sa formation, est unique et doit être considérée comme telle par son manager. Nous devons à tout prix éviter les généralités collectives pour manager. Chaque collaborateur est l'alpha et l'oméga d'un bon manager.

Révéler le meilleur de chacun est donc une priorité. La détection et le développement des talents sont une mission fondamentale de chaque manager. Un bon manager s'entoure toujours de meilleurs que lui et sait recruter son (sa) remplaçant(e). Cette philosophie d'action se résume chez Gifi en cinq principes managériaux qui, dans l'absolu, peuvent être repris par toutes les entreprises tant ils reposent sur une Vision avec un grand V de la relation manager/managé.

L'AMOUR DU MAILLOT GIFI

Manager, c'est porter haut les couleurs Gifi et tout mettre en œuvre pour que les équipes en soient fières. Les victoires sont toujours collectives et ne doivent oublier personne. Une équipe, un seul maillot. Le manager est le garant de l'amour du maillot Gifi et de la transmission de sa culture. Il doit rendre fières ses équipes de le porter.

LA CONFIANCE

Faire toujours ce que l'on dit, dire toujours ce que l'on fait. La parole du manager l'engage et engage Gifi, elle est importante et ne doit jamais se fourvoyer. De la crédibilité de sa parole et de ses actes naît la confiance. Être digne de confiance renvoie à l'éthique et à l'équité, le manager doit être juste et ne jamais laisser ses émotions prendre le dessus sur ses analyses et ses évaluations.

LE DON DE SOI

Se donner à ses équipes pour mériter leur confiance est le postulat de la motivation. L'exemplarité du manager doit être totale et s'exprimer dans le respect de la stratégie et des 9 commandements de Gifi *(voir p. 161)*. La générosité, l'empathie, le goût des autres se vivent au quotidien. Être un manager inspirant passe par cet engagement total pour l'entreprise et ses équipes. Aimer son équipe est la base même du management Gifi.

L'EXCELLENCE

Un manager est à l'image du coach sportif, celui qui permet à chaque collaborateur de se dépasser, de s'améliorer pour atteindre ses objectifs et s'épanouir. L'à-peu-près n'est pas Gifi, se contenter de l'approximatif non plus. L'excellence dans le management s'exprime dans les attitudes et dans l'art d'afficher une autorité bienveillante pour atteindre les objectifs fixés. L'excellence cautionne l'exigence.

LE SENS DE L'ÉCOUTE

L'écoute est le postulat de la relation et de la considération portées à autrui ; l'écoute permet la réflexion et affûte la créativité par une grande ouverture. Elle évite les discours précipités au profit d'une pensée structurée. De plus, l'écoute permet de capter positivement les arguments et les idées exprimés, la base même « des idées de génie ». Le manager se nourrit de ses équipes en les écoutant et en partageant avec elles.

En synthèse, j'insiste sur l'humilité nécessaire pour devenir un bon manager, à ne pas confondre avec l'effacement. Chacun, un jour ou l'autre, a ou aura son pont d'Arcole à franchir avec ses troupes. C'est la vie et les circonstances qui forgent le manager ; il est nécessaire de savoir s'adapter pour évoluer. La seule vraie question est : est-ce que tous les managers d'une organisation doivent être des leaders ? Certaines entreprises le pensent ; pour ma part, j'estime qu'il ne faut pas ajouter de la pression inutile sur les managers dont on attend avant tout de la compétence.

Le leadership est chose beaucoup plus rare. L'entreprise a peu de prise sur le sujet ; elle doit créer les conditions de la performance collective *via* sa culture. Mais de toute ma vie, les vrais leaders que j'ai pu rencontrer se sont la plupart du temps faits par eux-mêmes, ayant en eux une force intérieure qui leur est propre. Cette force intérieure que l'on peut nommer foi en soi, foi en la vie, est inhérente au parcours de vie. Vous l'avez ou ne vous l'avez pas ; il ne faut pas que cela devienne un objectif pour l'entreprise, car à ce moment elle s'inviterait dans l'intime de la personne, ce qui n'est pas son rôle. Mais je peux attester que plus une culture est forte, bienveillante et exigeante à la fois, plus elle peut libérer cette foi en soi. Les preuves d'amour que nous recevons lors de nos séminaires en attestent ; aller au-delà des contingences professionnelles libère une énergie qui rend un collectif unique dans le strict respect des personnes. Elle est quelque part le miroir que chaque manager peut porter en bandoulière, soit pour s'y regarder, soit pour permettre à son équipe de lui tendre chaque fois qu'il s'en écarte.

Chapitre 9

Quelques idées pour vivre sa vie pleinement

« La plupart de nos peurs sont des créations de notre esprit. La seule façon d'en être convaincu, c'est de se jeter à l'eau, d'aller les affronter. »

Laurent Gounelle, *L'homme qui voulait être heureux*

Vous seul pilotez votre vie

Chaque être humain a en lui un trésor, j'en suis persuadé. Une vie entière ne suffit pas pour le faire remonter à la surface. Nous rêvons jeune de déployer nos ailes, de voler le plus haut et le plus loin possible. On est libre. Au fur et à mesure que la vie avance, l'espoir de liberté s'éloigne, on entre dans le rang des contingences et des croyances, marchant désormais à côté de sa vie. On devient, sous le poids des obligations, trop souvent l'ombre de soi-même. On perd sa vie à la gagner. Les entreprises ont une part de responsabilité, car plutôt que d'être des espaces de conquête et de développement des talents, elles sont trop souvent des lieux de contraintes sclérosantes.

L'entreprise est et devrait toujours être une destination de liberté et de réalisation. Elle doit être source d'espoir, alors que la plupart du temps elle est un mal nécessaire pour subvenir à ses besoins primaires. J'ai conscience de forcer le trait, mais malheureusement je ne suis pas loin de la réalité, tant je constate le grand écart entre ce qui est affiché pour attirer les talents et ce qui leur est réellement proposé de vivre. Un employeur n'est que locataire du talent de ses équipes ; cela signifie que le vrai propriétaire de votre talent, c'est vous-même ! Mon parcours de vie, atypique pour certains, m'autorise humblement à partager quelques conseils tirés directement de mon expérience. D'autant que je ne me suis jamais senti prisonnier de la réussite et de son pendant, l'argent. L'argent, je ne le nie pas, bien au contraire, j'aime en produire ; toutes mes décisions, à un moment, sont conditionnées par la rentabilité. Mais la finalité de l'argent, pour moi, c'est de le partager avec mes équipes. Ce n'est bien évidemment pas de la démagogie puisque nous réinvestissons tous nos profits depuis toujours dans l'entreprise afin non seulement de la développer, mais aussi de permettre à chacun d'en profiter.

Dans les premiers chapitres de cet ouvrage, je vous ai raconté ma vie, mes rencontres, j'ai insisté sur ma raison d'être qu'est le partage. Cela me permet de penser en permanence aux autres, mais je me rends compte aussi, au moment où j'aborde l'automne de ma vie, que cette raison d'être me donne une énergie incroyable. L'amour que je donne et l'amour que je reçois en retour me tiennent en vie ; cette énergie est la vie, la vraie.

Ai-je eu de la chance pour en arriver là ? Je ne crois pas. L'ai-je provoquée ? Sûrement.

Ce livre me permet de mettre noir sur blanc ce qui me semble le plus important à partager pour vivre une vie heureuse :

– on n'a qu'une vie, pourquoi la gâcher ?

– suivre son intuition et croire en soi ;

– vivre intensément le présent ;

– être toujours à l'écoute des autres ;

– ne jamais rien lâcher ;

– partager et pardonner ;

– et surtout faire confiance aux jeunes.

On n'a qu'une vie, pourquoi la gâcher ?

Pour reprendre le titre du livre de Raphaëlle Giordano, *Ta deuxième vie commence quand tu comprends que tu n'en as qu'une* (Eyrolles, 2015), chacun doit comprendre qu'il peut être soit le fruit d'un formatage préétabli, soit le résultat d'un chemin qui l'amène à sa liberté d'être. Pour certains, comme moi, c'est une intuition vitale ressentie très jeune ; pour d'autres, c'est un long cheminement ; pour d'autres encore, c'est vivre en passant à côté de sa vie.

Ne pas gâcher sa vie, c'est éviter les chimères, éviter de se bercer d'illusions, c'est créer des souvenirs de bonheur plus que d'amertume, mais c'est aussi prendre soin des autres en vivant pleinement en société. L'intelligence du cœur est un guide formidable pour se trouver.

Il ne faut pas avoir peur de vivre son exclusivité ; le regard des autres ne compte pas en soi, c'est une réalité déformée et déformante. Ce qui compte, c'est l'intensité des instants, l'intensité des engagements, l'intensité du verbe « aimer ». C'est peu dire que la vie passe vite ; sa fugacité est un défi de sens pour espérer vivre une vie utile pour soi et pour les autres.

Pour cela, comme je l'ai écrit précédemment, il faut avoir conscience que nous avons tous une étoile à suivre, un art à développer, une mission à assumer. Pour ne pas passer à côté, il faut savoir s'écouter, s'aimer aussi pour pouvoir écouter les autres et les aimer. Je n'étais pas destiné sur le papier à devenir le patron que je suis et pourtant je le suis devenu, sans diplôme, sans formation, mais avec la volonté farouche de réussir, de prouver à mes parents que je pouvais être un numéro 1. Ce fut mon moteur.

J'ai tâtonné, vivoté, chuté jusqu'au jour où j'ai décidé d'écrire ma vie. Le vrai enjeu est de prendre conscience que personne ne peut décider à votre place ! Vous seul pilotez votre vie. Ni un employeur, ni un État, ni une famille, ni une culture, ni une religion ne décident à votre place. Prendre conscience que l'on est « le capitaine de son âme » libère une énergie folle. Évidemment, dans certains cas, lorsque l'on n'a pas les bons outils en main, que ce soient l'éducation, les relations, les diplômes ou encore tout simplement les bonnes manières, c'est un peu plus compliqué.

Mais ce qui est de loin le plus important, c'est le respect d'autrui et la considération apportée à chaque point de vue. Le premier item de notre charte culturelle est fondamental aussi dans la vie de chacun : « Se comporter toujours avec les autres comme on aimerait qu'ils se comportent avec soi. » C'est difficile de réussir sa vie en se mettant le monde à dos, en voyant des complots partout, en reportant ses problèmes sur les autres.

Malheureusement, en France, c'est très souvent le cas, et ce pour une seule raison : depuis des décennies, on a privilégié l'assistanat au volontarisme. De fait, on crée une illusion de liberté qui à un moment s'avère être un leurre. Choisir sa vie, c'est la vivre en version originale et non en version copie ; pour cela, il faut de l'audace, du courage, de l'envie et surtout un carburant essentiel, du plaisir. Il faut prendre du plaisir à vivre. Force est de constater que les gens qui voient toujours le verre à moitié plein sont toujours positifs ; ils entraînent, ils motivent, ils font plaisir à leur entourage. Cette particularité, soit elle vient de l'éducation familiale, soit elle est tout simplement une nature. La plupart du temps, ce sont des personnes que l'on retrouve managers, animateurs sportifs et/ou associatifs ; ce sont des engagés qui donnent d'eux-mêmes, car intuitivement ils savent que la vie est belle, ils croient en elle.

Sans jamais faire la leçon à quiconque, je suis toujours navré devant certains qui se plaignent toujours, qui traînent des pieds, qui justifient leur situation par rapport à un passé, sans prendre conscience que le changement ne peut venir que d'eux. Qu'il n'y ait pas de méprise, certains cas ont besoin d'aide, certains traumatismes de la vie transforment des personnes en victimes, je ne parle bien évidemment pas de celles-là, pour lesquelles j'ai la plus grande compassion et qui ont souvent besoin d'être aidées aussi pour se (re)construire.

L'école a un rôle majeur sur le sujet ; elle doit être un vecteur d'encouragement, de motivation alors qu'encore aujourd'hui seule la sanction fait loi, positive comme négative. C'est d'ailleurs toute la différence entre les systèmes pédagogiques anglo-saxons et le nôtre. L'épanouissement est la priorité d'un côté alors que la pression prime chez nous.

Les choix professionnels sont aussi décisifs pour ne pas gâcher sa vie. Combien de personnes s'ennuient dans leur travail, se ruinent la santé, voire parfois franchissent la ligne irréversible du suicide ; c'est complètement fou. Pourquoi rester ? Pourquoi subir ? Pour les traites de fin de mois ? Pour le statut social ? Pour les enfants ?... Les raisons sont multiples et souvent personnelles, mais aucune ne justifie le fait de rester et de perdre sa vie à la gagner.

Que voulez-vous faire de votre temps sur terre ? Vous seul avez la réponse.

Vivre sa vie, c'est la vivre pleinement, être à 100 % dans tous ses compartiments, c'est prendre du plaisir et en donner. Si les conditions ne sont pas réunies, la réponse est claire : vous n'êtes pas à votre place, partez, fuyez et ne vous retournez pas, votre vie vous attend !

Jusqu'à 5 000 collaborateurs, je connaissais à peu près tout le monde personnellement par son prénom ; aujourd'hui, c'est un peu plus compliqué, mais j'ai toujours attaché la plus haute importance au bien-être de chacun, à la vie de chacun. Lorsque l'on est patron, on doit avoir une oreille attentive pour aider celui qui ne s'exprime pas, mais qui est malheureux, celui qui se replie sur lui-même alors qu'il est fidèle et vaillant en temps normal. Ce n'est pas de l'ingérence, mais bien de l'attention, au sens de prendre soin de celles et ceux qui ont décidé de vous faire confiance un jour en rejoignant votre projet professionnel.

Parfois, c'est difficile d'être maître de sa vie, c'est pourquoi il faut aussi savoir recevoir les mains tendues.

Suivre son intuition et croire en soi

Dans tous les pans de l'existence, tout est fait pour nous faire entrer dans des cases. On naît libre, mais on devient très vite esclave de dogmes, de contraintes, de normes, et ce dès la plus petite enfance, jusqu'au jour où on peut prendre conscience de soi. Pour moi, ce fut à 16 ans, pour d'autres à 30, 40 ans voire plus, qu'importe… L'essentiel est de ne pas arriver au terme de sa vie la musette chargée de regrets dus au sentiment de ne pas avoir vécu.

La norme dans la plupart des pays, quels qu'en soient les régimes, rassure ; le fait de se ressembler, de vivre de la même manière, de suivre les mêmes règles de vie, les mêmes horaires, crée un cadre, mais en aucun cas cela représente un cadre de vie au sens faire de sa vie une œuvre digne d'être encadrée ! La norme engendre la peur : peur de ne pas être comme tout le monde, peur des sanctions, peur de mal faire. La norme combat l'échec, alors même que l'échec est utile à sa propre auto-éducation qui évite de confondre convictions et certitudes.

Tout doit être rationnel, tout doit s'expliquer, s'analyser pour être acceptable. Mais que fait-on de l'envie, l'envie de faire, l'envie de découvrir, l'envie de créer, l'envie d'aimer, l'envie de faire autrement ? En façade, on l'encourage, voire on la stimule, mais dans les faits on cherche surtout à la canaliser. S'il y a bien une chose que la vie m'a appris et que je transmets bien volontiers, c'est de savoir suivre sa petite musique intérieure, son intuition de vie. C'est elle et elle seule qui peut vous mener là où vous méritez d'aller. Elle est le miroir de votre audace de vie.

Beaucoup se méfient de l'intuition ; d'autres font confiance à cette voix de l'intérieur faisant du principe de réalité un principe d'action non validé par les faits mais validé par l'audace. C'est parce qu'elle porte de l'incertitude que l'intuition dérange dans un monde où chacun doit être à sa place et, surtout, ne pas en sortir. Oser s'aventurer sur le chemin de l'intuition, c'est finalement avoir peut-être la chance de toucher du doigt le principe de création pure. Elle précède l'analyse et soulève de fait une question légitime : qu'en est-il de l'inné et de l'acquis ? Celui qui ose se laisser guider par son intuition entre dans un niveau de conscience libérée, de conscience révélée. Dans l'entreprise « normée », l'intuition est mal vue, tant elle aime les managers qui répondent aux ordres et respectent les règles. Mais l'intuition est sûrement ce qui distingue un manager entrepreneur d'un bon manager tout court, car elle donne du sens à l'audace créatrice.

Chez Gifi, l'intuition est originelle. Elle part de la mienne en tant que créateur, mais elle est encouragée partout pour la simple raison que notre finalité est de surprendre nos clients. Pour cela, nous devons avoir l'intuition de ce qui va marcher, va faire plaisir. Je parle souvent du flair des acheteurs qui doivent, loin de leurs tableaux de statistiques, sentir, humer le futur grâce à leur intuition. L'intuition devient le fruit d'un travail progressif en nous menant vers l'inconnu. L'intuition renforce notre personnalité et notre lien aux autres, elle nous pousse à l'approfondissement de notre nature intérieure. L'enchaînement des découvertes, des questions nées de l'intuition nous suspend dans un état intermédiaire qui affûte notre esprit au point de prendre conscience de ce qui sera sans l'avoir encore pratiqué. L'intuition se pose en révélateur d'action, elle précède l'affirmation tout en lui donnant forme. Le binôme intuition/révélation devient le miroir des progrès de chacun.

Là où la plupart des personnes avancent sur un ou deux plans, celui ou celle qui n'est pas effrayé(e) de suivre son intuition cultive son imagination et sa capacité à se projeter à plusieurs niveaux et espaces. Loin des certitudes du quotidien, l'intuition met en éveil les autres sens en créant cette posture où tout est possible.

Albert Einstein présenta « l'intuition comme un don sacré et la raison une fidèle servante » en ajoutant « nous avons créé une société qui honore la raison en oubliant le don ».

L'hégémonie d'une forme de rationalité abstraite a enfermé jusqu'à peu la conscience humaine dans un modèle universel qui l'a coupée d'une participation intuitive au flux créateur et intuitif de la vie. Mais nous voyons bien sous nos yeux émerger une nouvelle ère de l'information et de l'interconnexion où s'expriment de nouvelles formes de vies, de sensibilités et de pensées fondées en particulier sur l'immédiateté.

Le nouveau monde qui fait peur à beaucoup de nos contemporains extrapole la fin de Dieu au profit d'un transhumanisme qui ne peut aboutir qu'à la fin d'une forme de conception de l'homme – pour le meilleur comme pour le pire.

Plus que jamais l'intuition du pire doit pouvoir guider l'expression providentielle *via* une pensée intuitive qui accompagne l'accélération inédite des transformations. Le monde actuel a perdu la boussole de l'intuition. L'intuition du sacré est en jeu ; le renoncement de soi et par ricochet de l'autre est un risque majeur. L'intuition est de fait une caractéristique fondamentale du leadership. Il est temps de réhabiliter l'intuition pour éviter que l'homme ne se laisse dépasser par ses propres outils.

L'illusion actuelle du Graal de la science, de l'homme-roi ou éternel est une fausse réponse. En revanche, sa quête est en soi source d'espoir si l'homme renoue avec l'intuition de son tabernacle pour en faire son espérance et non sa finalité. Si l'intuition peut être considérée comme un sens à révéler, elle est assurément un sens pour la vie à la portée de chacun.

En synthèse, l'intuition vous rend libre d'agir. Et, surtout, n'ayez pas peur d'y aller, de foncer ; si vous trébuchez, vous vous relèverez et vous aurez appris. L'intuition nourrit l'espérance qui peut vous permettre de vivre pleinement votre vie.

Vivre intensément le présent

Gandhi avait l'habitude de répondre à la question « Quel est le plus beau jour ? » par « C'est aujourd'hui ! »

Le temps est, depuis les années 1950, LE sujet de l'humanité ; la quête était de remplir le temps au maximum ; la réussite était clairement de savoir quoi faire de son temps et surtout ne pas avoir de temps mort. Fort heureusement, à partir des années 2000, un effet de balancier est venu corriger ce postulat, en particulier face à l'omniprésence du temps connecté qui nous branche en permanence comme des humanoïdes contrôlés à distance. Tout se programme, tout s'anticipe, tout se paramètre, à tel point que la schizophrénie est sûrement le risque psychosocial le plus dangereux, tant il est impossible de tout prévoir.

Le monde de l'entreprise est la caricature de ce futur à maîtriser qui ne le sera pourtant jamais. En cherchant à tout anticiper, on se prive de l'intelligence du moment, celle qui permet de réagir en spontanéité. Combien d'erreurs sont commises chaque année par manque de gestion du temps présent, c'est énorme. La principale raison est que les systèmes d'organisation ne tolèrent plus les initiatives. L'illusion du futur qui nourrit les cabinets de conseils rassure un temps les actionnaires, mais c'est tout.

Côté individu, c'est la même chose : tout doit être anticipé. On se crée aussi une illusion de vie dans un futur qui souvent crée les plus belles frustrations n'étant que très rarement en harmonie avec les prévisions. Pourtant, si nous avons bien une certitude en venant au monde, c'est que le temps est compté ; nous ne sommes pas maîtres de son horloge et tout peut s'arrêter du jour au lendemain.

Fort de cette réalité, la seule vraie question est : pourquoi ne vivons-nous pas chaque jour pleinement avec pour objectif de réaliser une « bonne vie » au sens de la bonté et de l'utilité ? Que faire de son temps ? Pourquoi ne vivons-nous pas chaque seconde, chaque minute, chaque heure de la journée comme un bien précieux ?

Seuls, nous sommes comptables de nos actes ; l'entreprise n'étant qu'une partie de vie, elle n'est pas étrangère à notre gestion de vie. D'où l'importance de se mettre en cohérence avec soi-même dans son travail. Encore une fois, je ne le répéterai jamais assez, chacun est « le capitaine de son âme ». Ne déléguez pas votre vie ; appuyez-vous sur celles et ceux qui peuvent vous guider, vous entraîner, mais au final, c'est vous et vous seul qui avancez sur votre chemin.

Le temps présent est le plus précieux. C'est clairement ce que rapportent celles et ceux qui font, sans forcément de motivation religieuse, le chemin de Compostelle, où le temps s'apparente à chaque pas. Ou encore les personnes qui ont vécu l'expérience d'une mort imminente ; toutes racontent la suspension du temps au profit d'une notion mystique d'éternité. Chaque instant de vie est un instant d'éternité. En comprenant la préciosité du temps présent, la conséquence directe et bénéfique à tous consiste à supprimer tous les superflus, à gommer les sautes d'humeur stériles dues à l'ego au profit de toujours plus d'écoute, d'empathie et de considération de soi et des autres.

La conscience du temps présent souligne le vrai sens que chacun peut vouloir donner à sa vie afin d'aller sereinement jusqu'au bout de son existence en décuplant une puissance de vie qui fait du bien à tous.

Vivre pleinement le présent est, en partie, la réponse au sens que beaucoup espèrent. C'est du moins en toute humilité ce que j'ai toujours ressenti.

Être toujours à l'écoute des autres

Selon le proverbe qui dit « tout seul on avance plus vite, ensemble on va plus loin », il est clair que trouver son chemin, bâtir sa vie, trouver sa voie… qu'importent les formules, cela se fait rarement tout seul.

Selon les âges de la vie, à la fougue et à l'arrogance de la jeunesse qui prétend tout savoir avant même d'avoir vécu succèdent l'expérience, puis la sagesse qui a amené un jour Socrate à dire : « Je sais que je ne sais rien » et pour qui la reconnaissance de notre ignorance est l'attitude nécessaire à adopter face à la quête du savoir.

Voici un proverbe chinois à méditer : « Celui qui sait qu'il ne sait pas, éduque-le. Celui qui sait qu'il sait, écoute-le. Celui qui ne sait pas qu'il sait, éveille-le. Celui qui ne sait pas qu'il ne sait pas, fuis-le. »

Nos croyances et convictions façonnent notre perception du monde. Lorsqu'on est persuadé de savoir quelque chose, on abandonne une posture de recherche et on ne voit plus du monde que ce que l'on croit. Toute certitude limite notre accès au savoir et renforce notre ignorance. Bien plus que de défendre des certitudes, chacun, à l'aune de son expérience, doit se forger des convictions pour pouvoir les confronter, les valider, les faire évoluer le cas échéant. On dit bien souvent « qu'il n'y a que les cons qui ne changent pas d'avis ».

Il est donc important de commencer par observer et écouter les autres ; chaque expérience, chaque point de vue est un enrichissement en soi ; qu'il soit conseil, encouragement ou reproche ; s'il est formulé sans malveillance, il est utile à ma perception du monde. N'ayant jamais été un sachant au sens académique, j'ai fait de l'écoute ma marque de fabrique. J'ai toujours observé avant d'agir et encore aujourd'hui j'apprends en écoutant. Mais j'ai aussi appris à me méfier des rumeurs et des ragots en appliquant intuitivement les fameux tamis de Socrate que j'ai plaisir à rapporter ici.

Un jour, un homme vint trouver le philosophe et lui dit :

« Écoute, Socrate, il faut que je te raconte comment ton ami s'est conduit.

– Je t'arrête tout de suite, répondit Socrate. As-tu songé à passer ce que tu as à me dire au travers des trois tamis ? »

Et comme l'homme le regardait rempli d'étonnement, l'homme sage ajouta :

« Oui, avant de parler, il faut toujours passer ce qu'on a à dire au travers des trois tamis. Voyons un peu ! Le premier tamis est celui de la vérité. As-tu vérifié si tout ce que tu veux me raconter est vrai ?

– Non, je l'ai entendu raconter et…

– Bien, bien. Mais je suppose que tu l'as au moins fait passer au travers du deuxième tamis, qui est celui de la bonté. Ce que tu désires me raconter, si ce n'est pas tout à fait vrai, est-ce au moins quelque chose de bon ? »

L'homme hésita puis répondit :

« Non, ce n'est malheureusement pas quelque chose de bon, au contraire…

– Hum ! dit le Sage, essayons de nous servir du troisième tamis, et voyons s'il est utile de me raconter ce que tu as envie de me dire…

– Utile ? Pas précisément…

– Alors, n'en parlons plus ! dit Socrate en souriant. Si ce que tu as à me dire n'est ni vrai, ni bon, ni utile, je préfère ne pas le savoir, et quant à toi, je te conseille de l'oublier… »

Ces trois tamis, vérité, bonté, utilité m'ont souvent fait gagner beaucoup de temps… Je suis un éternel apprenti de la vie, même si aujourd'hui je prends de plus en plus le rôle de coach auprès de plus en plus de monde dans la discrétion qu'est la mienne. L'importance de cet apprentissage est de s'intéresser aux autres, j'en ai bien évidemment pris conscience dans les affaires, mais aussi dans le sport avec des champions qui ont gravi l'Everest de leur discipline en sachant écouter les conseils avisés.

C'est le cas de la boxe. Si on admet que dans la vie « il faut se battre », ce sport est une illustration parfaite de courage et de respect. Depuis plusieurs années, j'ai la chance d'accompagner Samir Ziani, un boxeur poids léger devenu champion d'Europe et qui travaille chez Gifi, dans ses rêves de gloire. En 2019, sur le toit de l'Europe, il a remis sa ceinture en jeu ; j'étais à ses côtés sur ses terres natales, à Agen. Nous avons en commun notre attachement viscéral à nos racines. J'aime les gens qui n'oublient pas d'où ils viennent. On peut être un citoyen du monde, un champion d'Europe et ne jamais oublier d'où l'on vient. Je dois vous avouer que ce qui m'a plu d'emblée chez Samir, au-delà de sa rage de vaincre, son œil du tigre, c'est aussi sa générosité et son engagement auprès des jeunes défavorisés du Villeneuvois *via* son association. Donner et partager avec ceux qui en ont besoin, c'est aussi cela être un vrai champion. Dans la boxe, chaque combat est une question d'honneur, de travail, de sens à leur vie, mais aussi de fidélité.

La boxe est de loin le sport qui ressemble le plus à la vraie vie : il faut se battre, toujours respecter ses adversaires, ne jamais rien lâcher, car, avec chaque coup, chaque geste, chaque mouvement, il y a toute l'énergie de la vie, il y a aussi des heures et des heures d'entraînement, il y a de la sueur et de la rage aussi, mais, il y a surtout l'esprit d'équipe, l'écoute du coach, la recherche du geste parfait. C'est pour cela que la boxe est un véritable art. Il faut du courage pour encaisser et donner, mais il faut également exceller dans la manière. Dans la vraie vie, c'est la même chose ; avoir le succès sans la manière, avoir la réussite arrogante sont des formes de médiocrité affligeantes de personnes qui n'ont rien compris.

En France, nous devons mettre beaucoup plus en avant les jeunes qui veulent réussir ; il faut les encourager, les pousser à croire en leurs rêves et en eux. D'où qu'ils viennent, quels que soient leurs origines, leurs parcours, ils doivent croire en eux. Il faut commencer par les écouter. Nous devons vraiment libérer l'énergie de notre jeunesse, elle est notre avenir.

Nous devons tous cultiver l'écoute des autres, pour soi, pour eux aussi.

NE JAMAIS RIEN LÂCHER

Quand on se lance dans un projet, relève un défi, change de métier, etc., il est important de ne jamais renoncer ; il est très facile de dire stop à la première difficulté, à la première défaillance ; la plupart des gens ont l'abandon trop facile. Souvent, il faut expérimenter la limite de l'abandon pour trouver une énergie insoupçonnée qui va vous pousser au-delà. Le sport nous offre une multitude d'exemples, comme le fameux mur du marathon, entre les 30 et 35 kilomètres, où le corps s'arrête, victime d'une « panne d'essence ». Un moment de vérité où l'esprit prend le pas sur le corps. Ou encore les coups de boutoir d'une équipe de rugby sur la ligne d'en-but contre une équipe qui ne veut rien lâcher. Ou encore cette échappée à l'Alpe d'Huez où le coureur se trouve en panne d'oxygène.

Pourquoi passent-ils ?

La volonté de ne rien lâcher ; ils sont allés jusqu'au bout aux entraînements, ils pensent à leur entraîneur, à leurs familles, ils ne veulent décevoir personne ; ils s'accrochent car personne ne doit leur enlever leurs rêves. La victoire, la vraie, s'obtient une fois la ligne franchie.

Souvent, j'ai entendu des formules du genre « l'essentiel est de participer ». C'est gentil dans un esprit colonie de vacances, mais dans la vraie vie, l'essentiel est de donner le meilleur de soi. On ne peut pas toujours gagner, on peut tomber sur plus fort que soi, mais le plus important est de tout donner, de ne rien lâcher pour n'avoir aucun regret. Souvent des gens toxiques vont se dresser sur votre route et vous décourager en vous disant que ce que vous envisagez n'est pas possible. La plupart du temps, ces conseillers du « ce n'est pas possible, passe à autre chose, c'est mieux pour toi », sont des oiseaux de mauvais augure, plutôt portés par leur jalousie. La plupart du temps, ce sont des personnes qui n'ont pas fait grand-chose de leur propre vie.

Nos séminaires de motivation que nous organisons à Megève illustrent parfaitement cette philosophie de ne rien lâcher. Lorsque j'emmène des équipes faire du VTT ou du ski, je veux que chacun découvre le plaisir de se dépasser ; certains sont sportifs, d'autres pas. Au début, c'est normal, il y a l'envie d'en montrer… Il y a ceux qui partent à fond et il y a ceux qui suivent les conseils, qui s'accrochent, d'autres qui souffrent, tellement ils ne sont pas habitués à faire du sport. Et moi qui suis maintenant le plus ancien de chaque rando, je mouline ou je skie devant afin d'ouvrir la voie et pour donner envie aussi de me dépasser.

Il est très rare que nous ayons des abandons ; en revanche, il y a beaucoup de solidarité, de soutien et au final personne ne lâche rien, tout le monde gravit son sommet. Ne rien lâcher, c'est vraiment dans la tête, c'est une question de mental. Avec nos séminaires, je prouve à tous que la vraie compétition elle est avec soi-même, pas contre les autres.

C'est vrai sur un vélo comme sur des skis, mais c'est surtout vrai dans la vraie vie, dans nos magasins comme pour n'importe quel métier. Si vous lâchez, vous ne saurez jamais ce dont vous êtes capable ; pire, vous aurez sûrement des regrets voire de l'indulgence à votre égard qui vous empêchera demain de rêver. Ne rien lâcher, c'est essentiel dans la vie, en affaires, dans le sport, en amour… Chacun de nous, sans exception, a des sommets personnels à gravir. Des espaces à conquérir pour avoir le bonheur de dire « J'y suis arrivé ! »

Partager et pardonner

Sur le chemin de chacun, les déceptions et les trahisons peuvent surgir, y compris de personnes pour lesquelles on se dit : « Ce n'est pas possible, pas elle/lui. » C'est la vie, c'est aussi la nature humaine. Des trahisons j'en ai eu dans ma vie ; je ne les ai jamais acceptées et j'ai toujours défendu comme un enragé mes intérêts. Mais pour autant, la plupart du temps, la déception a fait place à la compassion et au pardon. En effet, j'ai toujours été triste de voir comment des personnes en qui vous croyez (ou pas) se comportent mal. Il ne faut pas ruminer de vengeance, c'est un sentiment qui vous détourne de votre cap et peut vous perdre. Il vaut mieux pardonner, car le pardon est de loin le meilleur moyen de permettre à l'autre, que je considère la plupart du temps comme la première victime de sa trahison, de se rattraper, de réfléchir à ses actes et parfois d'en tirer enseignements.

Trop souvent en France, on a tendance, pour éviter d'attirer l'attention sur soi, de pratiquer le « pour vivre heureux, vivons cachés ». De fait, on n'ose pas partager et assumer ce que l'on est, ce que l'on représente aussi. Ce principe culturel est très ambigu car il nourrit la haine entre celui qui a et celui qui n'a rien, entre celui qui réussit et celui qui peine. Et bien sûr les jugements de valeur se font immédiatement à l'aune de ce que l'on voit, ignorant tous les sacrifices et les efforts nécessaires pour y arriver. Comme la réussite et l'argent sont deux sujets tabous face à l'égalitarisme ambiant, cela a un effet pervers sur la réputation même des patrons et des entreprises.

Combien de fois mon style de vie a été fantasmé alors même que mes goûts sont des plus modestes, même si je jouis grâce à mon travail de tous les attributs de la richesse, je ne vais pas le nier. Je vis toujours dans ma petite maison de Pujols avec mon épouse et notre caniche. Je n'ai jamais pris la grosse tête pour une seule raison : LE PARTAGE. Depuis le début, partager a été mon moteur ; partager le fruit du travail mais aussi le temps. Si vous vous contentez de ne réussir que pour vous ou, comme on dit souvent, « pour laisser à nos enfants », c'est bien mais, franchement, un peu triste. Si vous accumulez, le jour du grand départ, il n'y a pas de première classe pour la caisse en bois qui vous servira de dernière demeure. La vanité n'a pas lieu d'être.

Lorsque vous avez la chance de vivre de belles expériences, faites-les partager, elles n'en seront que plus belles. Si vous créez des richesses, partagez-les aussi. Tout ce que j'ai bâti, je l'ai systématiquement partagé – pas pour « flamber », non juste pour faire plaisir, c'est tout.

La seule vraie richesse, encore une fois, c'est celle du cœur ; ça n'empêche pas d'être dur en affaires. Cette richesse du cœur donne de la saveur aux instants, aux rencontres et vous dote d'un capital de souvenirs heureux qui vous accompagneront jusqu'au bout. Créer des souvenirs est une magnifique expression de partage à la portée de chacun ; le partage évite le repli sur soi, il ouvre les bras à l'autre, aux différences. La générosité est à mes yeux l'expression de la bonté d'âme par excellence ; elle ne s'exprime pas que par l'argent, mais aussi par l'attention, l'écoute, le temps que l'on partage.

Fort heureusement, je suis persuadé que « les Gentils ont de l'avenir » pour reprendre l'expression de Luc Ferry. Je crois même que les Gentils attirent les Gentils, à l'image de mon ami Christian Duplessis, rencontré par hasard un soir où j'arrive à La Tantina de Burgos, un restaurant de rugbyman. J'y vais pour faire la fête et de parole en parole, de tournée en tournée, le patron, Christian, sympathise avec moi et me confie son projet d'achat d'un hôtel à Guétary. Sentant sûrement mon sens des affaires, il me demande d'aller le voir et de l'estimer alors même que quelques heures avant on ne se connaissait pas.

La confiance qui est née entre nous est le fruit de la générosité de deux tempéraments unis par la simplicité et l'envie de partager. Depuis, je l'ai accompagné et rassuré dans ses investissements sans jamais rien vouloir en retour, même s'il a souhaité, dans sa dernière affaire, la célèbre ferme L'Ostalapia, m'inclure au capital ; des parts que j'ai cédées progressivement à ses enfants au fur et à mesure qu'ils grandissaient. Une rencontre entre deux inconnus et une longue et belle histoire d'amitié et de partage.

Encore une fois, lorsque l'on a le cœur et l'esprit ouvert, la Providence se charge de beaucoup de choses…

Et, surtout, faisons confiance aux jeunes

L'ensemble des points précédents sont tous importants, mais ce qui me semble l'être encore davantage, c'est bien de faire confiance aux jeunes. Au-delà des poncifs du genre « ils sont l'avenir », ce qui est capital, c'est de les aider à prendre leur envol en toute confiance. J'ai déjà parlé de l'importance de l'éducation, de la confiance en soi, mais ce qui à mes yeux de patron est fondamental, c'est « l'envie d'avoir envie » pour reprendre les paroles de la fameuse chanson de Johnny Hallyday.

La force de la jeunesse, c'est d'être portée par des rêves ; la pureté de l'enfant laisse sa place à l'invincibilité de l'adolescent avant d'entrer dans le monde adulte. Hier il y avait des rites de passage, aujourd'hui on a parfois l'impression qu'avec l'hyper-connexion tout s'accélère. Et pourtant, la jeunesse, même universelle des réseaux sociaux, est toujours pleine de rêves.

« Qu'est-ce que tu veux faire plus tard ? »

Quel enfant n'a pas entendu cette question incongrue ? Quel adulte ne l'a pas posée ?

Devenir ! La question fondamentale est bien exprimée depuis le départ !

Les réponses fusent : pompier, astronaute, vétérinaire, mécanicien, footballeur, président de la République… Jamais de consultants, ingénieurs, financiers, RH ou autres directeurs… Le faire prime sur la projection ; le concret, le rêve et l'utilité servent de boussoles aux adultes en devenir.

Des années plus tard, le moule de l'école, des études supérieures, l'apprentissage de dogmes divers et variés (religion, société de consommation, modes en tous genres…), mais aussi les principes de réalité qui s'imposent (loyer, nourriture, études des enfants, loisirs…) façonnent l'espérance première des jeunes en les transformant en actifs anonymes de la société de consommation à laquelle nous devons rendre hommage, même si on lui trouve de plus en plus de défauts.

Un actif mais avec le goût amer de ne pas être *le principe actif de ma vie !*

Or, on le constate de plus en plus, les jeunes entrent en rébellion avec la volonté de se sentir utiles. Il faut les écouter ; ils ont déjà inventé un nouveau monde fait d'usages inédits dont, nous commerçants, devons tirer enseignement. Il faut les écouter tout en les guidant, car leur boussole de vie a tendance à s'emballer facilement ; ils zappent, ils testent, ils renoncent vite, trop vite souvent. La jeunesse du XXIe siècle est plus affûtée sur certains aspects, comme l'environnement, les rapports sociaux, les mœurs. Elle cultive une distance face au travail qui n'est pas un rejet, loin s'en faut ; je constate au contraire qu'elle a une force d'implication aussi importante que les jeunesses passées, mais pour s'engager elle veut du sens. Cette jeunesse veut une vie pleine ; elle n'est pas adepte du clivage vie privée/vie professionnelle, elle veut vivre en harmonie.

Depuis toujours, je fais confiance à la jeunesse de toutes les époques ; je n'ai jamais perdu mon âme d'enfant, et c'est sûrement pour cela que je m'autorise tout ce que je décide de faire. La jeunesse est le miroir dans lequel chaque dirigeant devrait plonger son regard, pour se souvenir de ses rêves, pour rallumer son âme d'enfant. Il faut lui donner la parole, même si, parfois, la forme n'est pas toujours au rendez-vous. Qu'importe, concentrons-nous sur les idées. Il faut lui donner des perspectives, pas des plans de carrière, ça ne sert à rien face à sa liberté d'être. Il faut lui donner des défis à relever pour lui permettre de se mesurer à ses possibles. Il faut lui marquer de la considération et savoir la récompenser.

Tous ces « il faut » sont importants, car la détection des talents dont j'ai souvent parlé dans ce livre est vitale pour une entreprise. Beaucoup de jeunes pensent que l'entreprise est « un truc de vieux fait de contraintes ». Prouvons-leur que l'entreprise peut aussi être un espace de liberté et de réalisation de soi. Les dirigeants doivent se débarrasser de la condescendance qui leur colle à la peau face aux jeunes ; ils doivent se mettre à leur place pour les comprendre. Pour cela, il faut les fréquenter et surtout ne pas croire qu'un jeune de 20 ans aujourd'hui, c'est soi à 20 ans !

Vivre avec les jeunes est le meilleur moyen de les comprendre, de les former mais aussi, avouons-le, pour rester soi-même jeune, au sens d'« être dans le coup ».

Nos séminaires de Megève qui me permettent de rencontrer chaque année des centaines de collaborateurs, souvent très jeunes, contribuent à mon éducation permanente de la jeunesse.

En me mettant à leur disposition, en faisant systématiquement ce que je dis, je les entraîne vers eux-mêmes ; je ne les amène pas à être autre chose que ce qu'ils sont au fond d'eux-mêmes.

Ainsi, ma fierté est d'avoir révélé des milliers de talents : du timide qui s'est affirmé, de l'arrogant devenu plus humble, de l'égoïste transformé en généreux… Mais de loin, celui dont je suis le plus fier, c'est l'exemple de mon fils Alexandre, entré très jeune chez Gifi. Comme certains, il aurait pu avoir la vie « d'un fils à papa », jouer la carte facile du rentier. Au contraire, il a eu, très tôt, l'instinct de Gifi et l'envie d'en faire lui aussi son projet de vie. Je me suis toujours efforcé de le laisser aller jusqu'au bout de ses idées, de ses envies tout en constituant ses équipes.

Parfois, la tentation est grande de « faire en fonction de » ou de « se positionner par rapport à ». Souvent les équipes elles-mêmes sont tentées de jouer la distinction entre père et fils ; c'est logique, même si parfois cela a pu être pénible. Aujourd'hui, avec moi, il est de loin celui qui connaît le mieux Gifi dans les moindres détails. En expérimentant ses propres principes, il a compris d'autant mieux les miens au point qu'aujourd'hui nous formons un binôme fondé sur une confiance totale. Je suis fier en effet de l'homme qu'il est devenu, je suis fier aussi du dirigeant qu'il représente pour l'avenir de Gifi. En choisissant sa vie professionnelle, je sais qu'il a pris le meilleur de ce que je pouvais lui apporter en développant par lui-même ses propres aspirations. La transmission est le plus noble des présents de la vie.

À l'image d'Alexandre à ses débuts, la jeunesse a besoin d'exemplarité de la part des plus anciens ; nous sommes face à une jeunesse qui, au fond d'elle-même, a besoin de guides pour s'affirmer. C'est pourquoi elle recherche des entreprises qui font sens, qui affichent une culture authentique et qui ont des leaders qui ne cherchent pas à faire jeunes, mais qui comprennent l'alchimie de l'intergénérationnel. Les pépites de demain ne demandent qu'à briller.

Un jour, alors que je visitais un magasin, comme souvent, je fus accueilli par la responsable, qui me parle tout de suite d'une jeune stagiaire :

« Ah, monsieur Ginestet, si vous étiez passé la semaine dernière, vous auriez rencontré un jeune comme vous les aimez et qui adore Gifi. »

Je lui demande où il est.

« Il était en stage mais il a fini.

– L'a-t-on embauché ? répondis-je.

– Non, nous n'avions pas le budget. »

Même si cette responsable avait raison d'agir en fonction de son budget, l'entreprise passait sûrement à côté d'une pépite. De cet épisode, je n'ai eu de cesse de dire à mes managers de faire remonter tous les talents rencontrés, car au-delà des budgets, il y a toujours des opportunités.

J'ai pris les coordonnées de l'ex-stagiaire et l'ai contacté pour savoir ce qu'il aimait tant chez Gifi. Comme il était impressionné de me parler, je lui ai proposé que nous communiquions par textos. J'ai vite compris sa motivation et ses envies. Dans la foulée, je l'ai embauché responsable itinérant de magasins dans un premier temps ; par la suite, il est devenu directeur de magasin.

Le hasard de ma visite dans ce magasin créa l'opportunité pour lui de déployer ses ailes ; le vrai défi est de faire que le hasard se transforme dans toutes les entreprises, chez tous les managers en une volonté connue et reconnue de tous. Il ne faut pas avoir peur non plus de la jeunesse ; trop de managers se sentent « vieux » au milieu de petits jeunes ; ils se trompent, chacun est à sa place si chacun joue sa partition de vie et ne cherche pas à être l'autre en plus jeune ou plus vieux. Que le jeune ait ou pas des diplômes, d'où qu'il vienne, le plus important est de loin son énergie vitale.

Cette énergie est source de vie pour tout le monde.

On n'a qu'une vie encore une fois, pourquoi la gâcher ? Suivre son intuition et croire en soi – Vivre intensément le présent – Être toujours à l'écoute des autres – Ne jamais rien lâcher – Partager et pardonner – Et surtout faire confiance aux jeunes… Les leçons de vie sont nombreuses, celles-ci me convainquent que le meilleur reste toujours à venir !

Chapitre 10

Le meilleur est toujours devant

« Qu'on me donne l'envie
L'envie d'avoir envie qu'on allume ma vie ! »
Johnny Hallyday, *L'envie*

Un monde meilleur pour permettre à chacun de croire en son étoile

La passion est un moteur incroyable qui vous fait toujours aller de l'avant. Trop de personnes espèrent avancer en regardant en permanence dans le rétroviseur. La référence à la chanson de Johnny Hallyday en guise d'ouverture de chapitre est une belle photo de ma vie.

Comment vivre intensément si on se détourne du futur ? Face à la vie, il n'y a pas de pause – c'est un piège que de le croire. La vie est fondamentalement mouvements, projets, idées.

D'où l'importance de se poser sans cesse des questions, de remettre en cause ses certitudes qu'elles soient spirituelles, professionnelles, alimentaires ou autres... L'avenir est imprévu, questions, surprises, peur parfois, doute souvent... Il nous donne rendez-vous qu'on le veuille ou non ! Il est important d'en faire un allié en lui donnant du sens. Face au temps qui glisse entre ses doigts, il faut être capable de s'afficher en « maître de son temps », surtout lorsque l'on sait que tout peut s'arrêter du jour au lendemain ! Être « maître de son temps », c'est se bâtir un programme de vie couplé à une hygiène de vie. Il est évident que si l'on veut aller loin, il faut « entretenir » sa monture ; le sport, comme nous l'avons vu, est un aspect important pour aligner corps, tête, esprit.

Méditer l'est tout autant ; je médite depuis très longtemps et de plus en plus. Cela me permet de me concentrer sur mes énergies vitales, mais aussi de me connecter au vivant. Penser positif n'est pas une mode, mais bien un style de vie en s'émerveillant devant la nature, en se nourrissant de l'intelligence et de la bonté des autres, en regardant toujours le verre à moitié plein, en bannissant les formules toxiques et violentes de votre langage.

Les paliers de la vie ont des appréhensions du temps différentes, pour un jour arriver « au temps compté » qui vous l'impose comme ce qui est le plus précieux dans votre vie. Il n'y a plus de temps à perdre !

Chacun doit se poser la question de son temps. Comment en faire un temps bon et utile ? Chacun doit se fixer ses objectifs de vie pour être sûr d'en mener quelques-uns à terme. « Visez toujours la Lune, même si vous la manquez, vous atterrirez parmi les étoiles » (Les Brown).

J'ai conscience que les évolutions digitales nous imposent une immédiateté qui résume le temps à l'instant (à ne pas confondre avec le présent). Or le danger est d'être piégé par une accumulation d'instants qui nous détournent de notre temps.

Pour ma part, je veux que les vingt ans à venir soient les plus beaux de mon existence. Je suis lucide, bien sûr, et sais que je vais comme tout le monde affronter les rendez-vous de l'âge qui passe, mais je sais aussi que je vais les amortir par l'éternelle jeunesse du cœur. Je veux mettre tout ce que la vie m'a appris encore davantage au service des autres. Comment ?

En continuant à investir dans des projets portés par des entrepreneurs.

En aidant les jeunes à croire en eux.

En renforçant dans nos différentes activités une dimension humaniste assumée.

En réfléchissant aux évolutions des enseignements pédagogiques de notre pays, tant il est important de reconnecter les attentes des jeunes à celles des entreprises…

Gifi est aujourd'hui un leader « made in France » qui a un rôle et un engagement social et sociétal fort et reconnu. Mais Gifi n'est plus mon avenir au sens où il est capable de me survivre en se passant de moi, grâce à l'organisation que j'ai bâtie et grâce à mon fils en particulier.

Il faut être heureux de ne pas être indispensable. C'est mon cas.

Je serai toujours attentif à son développement, tant il est clair que mon objectif de 1 000 magasins toutes enseignes confondues va devenir très vite un objectif pour Gifi à lui tout seul, qui devrait atteindre ce nombre de magasins dans les années à venir étant donné un important potentiel de croissance en France. Je serai aussi toujours attentif à ses équipes qui sont et resteront toujours, jusqu'à mon dernier souffle, « ma grande famille ».

Ma vie d'entrepreneur de demain me réserve de beaux défis à l'heure où je pourrai prendre une retraite bien méritée. Mais voilà, me mettre « en retrait » n'est pas mon fort ; la notion de retraite, même si j'en accepte la vertu pour mes concitoyens est un concept auquel je me sens étranger. Pour moi, être en retraite, c'est se mettre en retrait de la vie ; non pas que la vie se résume au travail, même si la mienne a tout superposé, mais elle se doit d'être pleine. Je ne me suis jamais ennuyé un seul instant, car je suis toujours allé de l'avant, j'ai toujours créé, inventé, surpris. Comme j'ai la chance d'avoir une épouse dont l'amour me porte et m'encourage, je veux vivre autrement pour nous inventer un futur tout aussi plein.

L'humanité du XXIe siècle doit se débarrasser des erreurs du passé pour tenter de créer une harmonie nouvelle entre les peuples. Le XXe siècle fut l'un des plus sanglants qui soient, il est plus que temps de militer pour une vision plus « humaine », donc plus intelligente, de notre vie sur terre.

La concomitance de mon combat contre le cancer et de la crise du Covid-19 qui me servit de cadre de convalescence m'a plus que jamais conforté dans mon envie de futur heureux. La situation de tension universelle liée à la double crise sanitaire et écologique est un miroir grossissant de nos responsabilités individuelles et collectives ; l'égoïsme, qui fut un marqueur de notre époque, associé aux conflits idéologiques n'est rien face à ces crises qui ne font aucune distinction entre races, puissants ou pas, riches ou pauvres. Le temps d'une vie, nous sommes locataires de la terre ; le problème est que nous laissons la maison dans un bien piètre état pour les locataires suivants.

Ayant créé un groupe « made in France » qui a développé des partenariats dans le monde entier, je vais aussi consacrer, comme je l'ai toujours fait, une partie de mon énergie à favoriser les initiatives locales. Pendant longtemps, comme je l'ai expliqué dans un précédent chapitre, il était difficile de trouver des usines en France. C'est toujours le cas, puisque la désindustrialisation s'est accompagnée d'un recentrage de notre économie sur le tertiaire et le tourisme. La crise du Covid-19 a mis au grand jour notre dépendance industrielle, il est temps en toute conscience de la corriger, au niveau européen comme national. J'ai abandonné, il y a longtemps, mon rêve d'usine en France sous la pression des contraintes et autres bâtons dans les roues, mais je n'ai pas renoncé pour autant.

Encore une fois, le groupe GPG est un groupe 100 % français, avec des actionnaires français qui vivent en France ! Il va se renforcer dans ce sens en accompagnant des initiatives qui iront dans la direction d'une nouvelle dynamisation économique de notre pays et de l'Europe.

Je ne crois pas au grand slogan du type « *start-up nation* », qui, on le voit aujourd'hui, est totalement à côté des vrais enjeux sociaux et sociétaux. Je rêve d'un monde meilleur et surtout plus respectueux des différences.

La seule vertu du Covid-19 fut de mettre en avant la notion d'humain sans distinction de races, de religions, ce qui a même abouti, en avril 2020, à un cessez-le-feu mondial de la part du Conseil de sécurité de l'ONU.

Je rêve d'un monde qui cessera d'opposer pour au contraire agréger. Chacun de nous a sa pierre à apporter à l'œuvre collective.

Je rêve d'un monde meilleur où on cessera de critiquer celui qui réussit pour le prendre en exemple, « il l'a fait, je peux le faire ». La jalousie est un mal trop français, il faut s'en libérer. L'égalitarisme tue la méritocratie. Je crois à l'égalité des chances et au pouvoir de chacun d'agir.

Je rêve d'un monde meilleur où la valeur de l'exemple sera développée pour permettre à chacun de croire en son étoile. Dans le monde de l'entreprise, les managers doivent apprendre à devenir de vrais leaders.

Je rêve d'un monde où les mots auront du sens et où les actes seront alignés sur les paroles. Trop souvent on prend des mots pour des idées, ce qui pénalise fortement l'action.

Comme le disait Guillaume Ier d'Orange-Nassau, alias « le Taciturne », « point n'est besoin d'espérer pour entreprendre, ni de réussir pour persévérer ».

Je rêve d'un monde où humilité, équité et loyauté guideront nos pas.

Tout est possible devant nous.

Je veux plus que jamais être utile pour que les générations à venir aient, elles aussi, envie de croire en elles, qu'elles aient envie d'entreprendre, de créer de la richesse à partager.

Je ne me résignerai jamais au fatalisme qui consiste en permanence à dire : « Ce n'est pas possible, on n'y arrivera pas, ce n'est pas permis, on n'a pas le droit », les bras ballants.

Parti de rien, je ne sais faire qu'une seule chose finalement : créer et entreprendre pour donner du plaisir.

Aujourd'hui, demain encore plus, je vais faire de ma vie une superbe fête à partager.

La vie ne fait que commencer.

Chapitre 11

Je compte sur vous

« Les jours sont peut-être égaux pour une horloge, mais pas pour un homme. »

Marcel Proust, *À la recherche du temps perdu*

Toucher autant le cœur que l'esprit des personnes

Tous mes discours, mes messages se terminent par « Je compte sur vous ». Ces quatre mots sont devenus l'expression d'un lien qui m'unit à mes équipes ; ils ne sont pas une injonction, mais bien l'affirmation d'une espérance, d'une croyance, d'un lien entre moi et mes équipes.

J'espère en elles ; j'espère, tant individuellement que collectivement, qu'elles sont capables de se donner pour être fières d'elles-mêmes. J'ai une croyance en elles, car on ne peut pas parler de confiance – compter sur – sans donner et se donner à 100 %. La confiance, c'est à 100 % ! L'espérance et la confiance sont des moteurs humains qui transcendent tout, qui dimensionnent tout. La réciprocité est vraie et j'espère l'avoir suffisamment souligné dans ce livre. Mes équipes savent toutes qu'elles peuvent compter sur moi jusqu'à mon dernier souffle.

Comme j'ai passé ma vie à bâtir sur la confiance, je suis un patron heureux d'être ainsi aimé par mes équipes. Aimer, confiance, espérance, partage, ambition, audace… je me rends compte que mon lexique est incroyablement décalé par rapport au monde professionnel qui utilise souvent ces mêmes mots, mais en les vidant de sens à force de les remplir de formules creuses.

Ce qui m'importe, c'est de toucher autant le cœur que l'esprit des personnes qui m'accompagnent ou que j'ai la chance de croiser. Entrer en relation ne peut se faire en laissant le cœur de côté.

Je n'ai jamais rien bâti sans associer le cœur et l'esprit.

Et comme « on n'a qu'une vie », pourquoi la gâcher avec des jeux de pouvoir, des postures, des singeries. Chaque seconde qui passe est une vie à part entière. Un jour, il nous manquera la seconde vitale et il sera trop tard. Trop tard pour dire « je t'aime », trop tard pour faire plaisir, trop tard pour remplir son album de beaux souvenirs.

Je ne veux pas, arrivé à la fin de ce moment de partage, qui, je l'espère, vous aura intéressé, donner la moindre leçon, mais je veux plutôt adresser à chacun un ultime petit conseil : n'ayez pas peur d'oser. Faites de votre vie une belle vie. Tout est possible.

Maintenant que vous me connaissez un peu mieux, le moins que l'on puisse dire, c'est que je ne coche pas les cases de la réussite et pourtant, je vis ma vie pleinement.

Si je vous ai donné une once d'espoir, l'envie d'y aller, j'en suis heureux. FONCEZ.

Ne craignez pas les jugements d'autrui ; la plupart des commentateurs seraient incapables de faire quoi que ce soit si ce n'est porter des jugements.

Ne craignez pas la peur de l'échec.

Qu'est-ce que se tromper, échouer…

L'espérance est un moteur de vie ; nous avons tous en nous les forces pour rebondir. Trébucher apprend la plus belle des leçons de vie : savoir se relever en toute humilité, plus fort qu'avant.

Dans la vie, il y a finalement trois choses vraiment importantes : l'amour, le travail et la santé, même si la santé peut conditionner les deux autres. L'obsession du bonheur de beaucoup, voir la dictature du bonheur de notre époque, est de vouloir tout en même temps, ne sachant plus apprécier ni l'amour, ni le travail, ni la santé à leur juste valeur. Si on veut être pleinement heureux, il faut avoir conscience et accepter que l'on ne peut pas toujours tout avoir. Les aléas de la vie font que parfois l'un de ces trois piliers manque à l'appel ; il ne faut pas désespérer pour autant car l'espérance permet toujours de continuer à avancer.

Chaque matin, je me réveille avec l'image de trois petits oiseaux que j'appelle Amour, Travail et Santé. Comme je veux être heureux, j'aimerais tous les attraper, jusqu'au moment où je prends conscience que je n'ai que deux mains. Deux mains pour bâtir demain, c'est bien là l'essentiel pour être heureux ! Quand on a conscience que l'on a que deux mains et que tous les jours on voit voler ces trois petits oiseaux, on est forcément plus réceptif aux plaisirs de la vie et on sait être reconnaissant de ce que l'on a, car on accepte plus facilement de ne pas pouvoir tout avoir. Vos deux mains peuvent vous éviter bien des désillusions. Si un jour on a la chance de réunir amour, travail, santé, il faut veiller à n'enfermer aucun des petits oiseaux dans une cage mais bien de les laisser voler en toute confiance.

Comme vous avez pu le constater, j'ai fait trente-six métiers, j'ai dormi dans le métro, dans une caravane, mais tous ces moments de vie furent pour la plupart des moments heureux. Pourquoi ? Tout simplement parce que j'ai toujours su apprécier ce que j'avais. J'ai toujours aimé l'instant, la joie de vivre tout simplement.

Je n'ai jamais envié personne, encore moins voulu du mal à quiconque. N'oubliez pas les trois petits oiseaux…

Chaque moment est une étape de vie qui permet d'écrire votre histoire ; c'est la vôtre ; ne la vivez pas par procuration. Elle ne vous convient pas, changez-la. Il n'y a que vous et vous seul qui en avez le pouvoir. Personne ne peut et ne doit choisir à votre place. On n'imagine jamais assez le pouvoir que l'on peut avoir sur le cours de son histoire.

Si elle vous convient, ne l'enfermez pas ; elle risque de s'assécher, de se flétrir ; au contraire, partagez-la tout en la protégeant. Écoutez toujours les autres, même si vous n'êtes pas toujours obligé de suivre ce qu'ils vous conseillent. Si je l'avais fait, je ne crois pas que j'aurais créé autant de choses dans ma vie.

Le bonheur n'est pas une finalité, mais bien une conséquence de vos choix ; beaucoup de gens courent après le bonheur sans jamais le ressentir alors que le seul sujet est de bâtir une bonne vie, au sens du bien que je peux faire autour de moi. N'avoir qu'une vie en fait un objectif de vie à part entière.

Suis-je le héros de ma vie ? Le capitaine de mon âme ?

Ces questions qui appartiennent à chacun soulèvent l'équation du sens et du temps. Je suis né le 15 avril 1954, autant dire que de l'eau est passée sous les ponts, mais, comme pour moi le meilleur est à venir, je ne peux que vous encourager avant de nous séparer à réfléchir sur la double notion du sens et du temps.

Sans donner de sens à votre vie, elle ressemblera à un sens unique ; sans conscience du temps, vous risquez de la perdre à la gagner. Dans les deux cas, c'est triste pour soi et pour les autres. Sens et temps, c'est la question même du sens de votre vie et des questions existentielles par excellence, car le temps et en particulier la finitude sont censés guider votre parcours.

Donner du sens, avoir du sens, faire sens dépend directement de votre conscience au temps pour savoir si vous évoluez dans un temps plein, un temps long ou court, un temps futile, un temps artificiel, un temps par procuration. L'équation sens/temps renvoie de fait au contenu de sa vie non pas en matière de quantité d'actions, mais de bonté d'actions ; ai-je une bonne vie, une vie utile ? Quel est votre bénéfice de vie ?

On nous dresse à courir après les signes extérieurs de reconnaissance et de considération pour au final, souvent à l'automne de sa vie, comprendre la futilité de cette course qui vous fait passer à côté de vous-même. Pour beaucoup, il est alors trop tard pour rattraper ce qui est perdu, pour dire les paroles que l'on aurait aimé prononcer, pour formuler le pardon qui aurait tout changer, pour adresser le regard qui en aurait dit plus long sur vos intentions que tous les discours. Trop tard. Dommage.

Dans cette époque d'infobésité, le temps est devenu un concept de société de consommation, le miroir de l'avoir, alors même que la vie est censée épanouir l'être. C'est le drame de l'entreprise aujourd'hui où les temps inhumains ont pris le pas sur les temps de la raison, de la relation, de l'intelligence collective. Le temps économique ne tient plus compte depuis longtemps des temps vitaux, des temps de respiration, des temps de projection et comble son vide de sens par des artifices marketing.

La crise du Covid-19, en mettant les compteurs à l'arrêt, a obligé à une pause et offert l'opportunité à partir d'un temps inédit de réfléchir sur soi et au sens à donner à sa vie. Plus le confinement durait, plus les mots des commentateurs et des économistes créaient un fossé incroyable avec l'envie d'être des gens, comme nous l'avons vu lors de « la libération du 11 mai ».

Deux mois d'arrêt, deux mois de respiration à l'échelle du temps de l'humanité, qu'est-ce ? Rien. Ces deux mois d'arrêt furent le miroir grossissant de la mascarade du temps d'hier.

Et s'ils étaient l'opportunité non pas d'un rêve utopique d'un monde idéal, mais de remettre les compteurs à zéro de toutes les économies au nom du sens universel de la vie ?

Impossible pour les ayatollahs de la doxa économique ! Possible pour celles et ceux qui ont conscience du temps et du sens à donner à notre « vivre ensemble ».

2020 restera comme une parenthèse qui a jeté des ponts partout où le temps d'hier avait érigé des murs.

Une parenthèse pour comprendre la finitude universelle de notre planète qui s'est mise ponctuellement à respirer de nouveau, plus forte que toutes les COP 19/20.

Une parenthèse pour prendre conscience de la seule fraternité en humanité face à un virus qui ne fait aucune distinction de race, de sexe, de religion.

Une parenthèse pour savoir ce que l'on ne veut plus.

Une parenthèse enfin pour renouer aussi avec la mort que l'on a désacralisée.

Parfois, il faut des drames, des maladies pour être forcé de réfléchir au sens de sa vie. En 2020, tout le monde a eu l'opportunité de cette parenthèse ; qu'en sera-t-il demain ?

Le rapport au temps va-t-il changer avec ces questions de sens, j'en doute à court terme, mais chaque être humain, de par son introspection personnelle, a entre les mains les moyens d'impacter le sens du temps de demain. La vraie quête du sens face au temps est d'assumer un travail sur soi pour se débarrasser de tous les artifices et autres protocoles afin de redécouvrir son authenticité ; ce travail sur soi permet de retrouver sa place, d'être en place en prenant place dans le monde.

Le « crabe » que j'ai évoqué pour mieux l'exorciser au début de ce récit et le traitement que j'ai dû suivre ensuite à l'été 2020 n'ont fait que renforcer mes convictions de vie, en me confrontant à l'idée de la perdre. Je ne veux pas rater ma mort en me la faisant voler ! J'ai encore tellement de belles choses à bâtir et à partager.

Sens et temps ont en commun d'aider à trouver sa place avant tout, sachant que personne n'a la réponse à votre place !

Je compte sur vous pour que vous soyez heureux, à votre place, dans une vie qui vous ressemble.

Avec mes remerciements de m'avoir accompagné jusqu'à ces dernières lignes.

Fidèlement.

Achevé d'imprimer en novembre 2020

Dépôt légal : novembre 2020

Imprimé en France sur Roto-Page
par l'Imprimerie Floch (97120)

Cet ouvrage est imprimé sur du papier Offset 90 g,
papier issu de forêts gérées durablement.